国家最高科学技术奖获得者·中国科学院院士·中国工程院院士·感动中国人物

档案见证新中国航空工业：

顾诵芬院士

航空工业档案馆　编

航空工业出版社

北京

内容提要

顾诵芬是新中国飞机设计大师、飞机空气动力设计奠基人、中国科学院院士、中国工程院院士、国家最高科学技术奖获得者。他始终致力于推动中国航空事业的发展，建立了新中国飞机空气动力学设计体系。他主持研制的歼8、歼8Ⅱ超声速歼击机，为航空武器装备跨代升级发展做出巨大贡献。他高度关注国家战略安全，为大飞机飞上蓝天提供决策支持。

顾诵芬的人生和事业与中国社会的变革进程同步，与新中国航空工业发展历史同行。本书以顾诵芬的人生历程为线条，以历史档案为佐证，深度挖掘档案中蕴含的航空精神，透过一页页档案、一张张照片，生动展示了顾诵芬的人生历程及其为新中国航空事业发展做出的卓越贡献，以慢镜头的形式展现了他以身许国的初心使命、开拓创新的科学精神、治学为人的高尚品格。

本书适合所有关心中国航空事业的人群阅读。

图书在版编目（CIP）数据

档案见证新中国航空工业 ：顾诵芬院士 / 航空工业档案馆编. -- 北京 ：航空工业出版社，2024.2

ISBN 978-7-5165-3555-4

Ⅰ. ①档… Ⅱ. ①航… Ⅲ. ①顾诵芬－事迹 Ⅳ. ① K826.16

中国版本图书馆 CIP 数据核字（2023）第 242671 号

档案见证新中国航空工业：顾诵芬院士
Dangan Jianzheng Xinzhongguo Hangkong Gongye: Gu Songfen Yuanshi

航空工业出版社出版发行
（北京市朝阳区京顺路 5 号曙光大厦 C 座四层　100028）
发行部电话：010-85672666　010-85672683

北京富泰印刷有限责任公司印刷　　全国各地新华书店经售
2024 年 2 月第 1 版　　2024 年 2 月第 1 次印刷
开本：889 × 1230　1/12　拉页 1　　字数：190 千字
印张：10.5　　定价：168.00 元

看望两院院士顾诵芬

郝照平、李清堂一行

在两院院士顾诵芬94岁寿辰到来之际，2024年2月3日，航空工业党组副书记、总经理郝照平，党组副书记李清堂到家中看望顾诵芬院士和夫人，并送上生日祝福。

顾诵芬院士家中暖意融融、温馨热烈。郝照平、李清堂向顾诵芬院士献上鲜花和《档案见证新中国航空工业：顾诵芬院士》画册，并代表40万航空人向他表达了真挚的问候与新春祝福。

郝照平关切地询问了顾诵芬院士的健康状况和生活起居，并叮嘱航空工业科技委等相关单位要持续做好服务工作，保障好顾诵芬院士及夫人的工作和生活。

随后，郝照平向顾诵芬院士传达了习近平总书记考察航空工业昌飞的重要指示精神，并汇报了2023年航空工业在科技创新、人才队伍建设等方面的发展情况和2024年进一步加强型号“两总”系统工作等相关部署。

“您作为我国的航空战略科学家，积极向党中央建言献策，现研许多型号都有赖于您当年打下的基础和您从战略层面提出的重要规划。” 郝照平表示，70余年来，顾诵芬院士参与、见证了新中国航空工业的发展与壮大，为我国航空事业作出了卓越贡献，是我们学习的榜样和楷模。航空工业党组一贯高度重视人才队伍建设和科学技术发展，希望培养出一代又一代科技领军人才，像顾诵芬院士一样带领航空工业勇攀科技高峰，也希望顾诵芬院士一如既往关注和支持航空工业的建设，带领我们继续把航空事业发展好。

顾诵芬院士认真听取汇报，并不时点头。他饱含深情地寄语航空工业科研全线：“要发展得更好，我等着新飞机出来！”

在愉悦祥和的氛围中，大家与顾诵芬院士围坐在一起，共同翻阅了画册。一张张照片、一个个奖章、一页页档案，展现出顾诵芬院士以身许国的初心使命、开拓创新的科学精神和治学为人的高尚品格。大家一致表示，顾诵芬院士的奋斗历程必将激励更多航空人在新时代航空强国建设新征程上激情阔步。

顾诵芬院士是享有盛誉的新中国飞机设计大师、新中国航空科技事业的奠基人之一、我国飞机空气动力设计奠基人、我国航空科技事业的引领者，国家最高科学技术奖获得者、我国航空界唯一的两院院士、航空工业第一位航空报国终身成就奖获得者。他始终致力于推动中国航空科技事业的发展。他创新设计多型飞机气动布局，建立新中国飞机空气动力学设计体系，主持研制的歼8、歼8Ⅱ超声速歼击机，开创了我国自主研制歼击机的先河。他建立了我国歼击机研制体系，为航空武器装备跨代升级发展做出巨大贡献。他高度关注国家战略安全，为大飞机飞上蓝天提供决策支持。他对党忠诚，甘于奉献，为国家培养了一大批飞机设计领军人才，为新中国航空工业发展做出了卓越贡献。

航空工业总助级高管，航空工业综合管理部、人力资源部、科技与信息化部、党建文宣部、老干部部、科技委、档案馆主要负责人一同看望。

▲郝照平、李清堂向顾诵芬院士送上生日祝福

▲顾诵芬院士翻阅画册

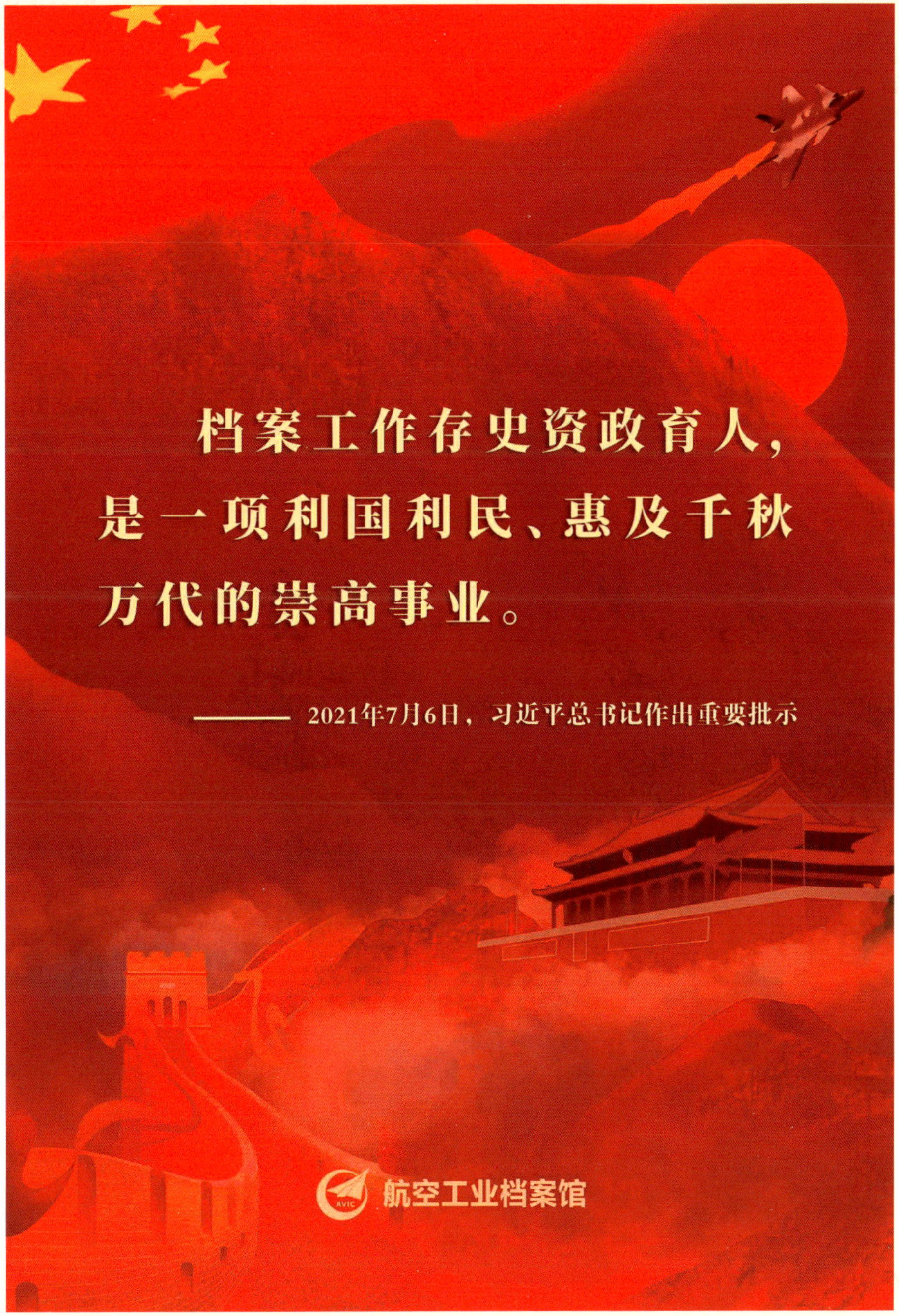
档案工作存史资政育人，
是一项利国利民、惠及千秋
万代的崇高事业。
——2021年7月6日，习近平总书记作出重要批示
航空工业档案馆

第三机
您好！
国务院决定

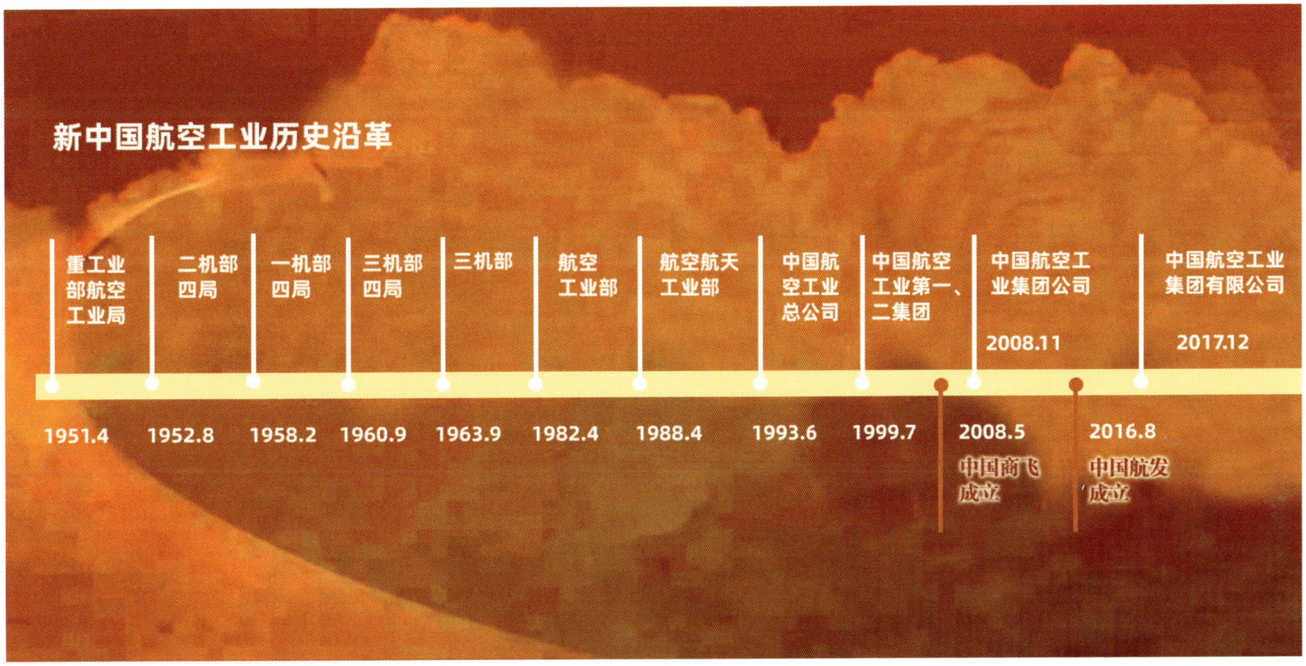

新中国航空工业历史沿革
重工业部航空工业局
二机部四局
一机部四局
三机部四局
三机部
航空工业部
航空航天工业部
中国航空工业总公司
中国航空工业第一、二集团
中国航空工业集团公司
2008.11
中国航空工业集团有限公司
2017.12
1951.4
1952.8
1958.2
1960.9
1963.9
1982.4
1988.4
1993.6
1999.7
2008.5
中国商飞成立
2016.8
中国航发成立

国务院决定
授予 同志
全国劳动模范称号
中华人民共和国国务院
顾诵芬同志
您好!
第三机械
进步工作中做出重大
特颁发此证书，以资

序　言

记述人物的方式和角度有很多种，从档案的角度记述人物的奋进历程，是一个创新。这种方式看似平淡，却有更为持久的力量，也更具有代入感。

1951 年 4 月 17 日，新中国航空工业在抗美援朝的烽火中诞生。自那时起，航空工业的发展始终与祖国同行同向，从初创岁月到跨步新时代，航空人与祖国始终同呼吸共命运。70 多年来，在党中央、国务院、中央军委的亲切关怀与坚强领导下，新中国航空工业从修理到仿制，从测绘仿制到自主研发，走过了从无到有、从小到大、从弱到强的奋进历程，取得了辉煌成就。新时代的航空工业，正阔步迈进航空强国的新征程，为中国式现代化贡献着航空力量。

顾诵芬参加工作之时，恰逢新中国航空工业创立之初，他个人的成长奋进之路，与我国航空工业的发展壮大之路完美契合。

1937 年，耳边不断响起的日寇飞机轰炸声，让顾诵芬萌发了“我以后想造飞机”的梦想。

这颗深植于内心的航空的种子，一旦萌芽，便无畏一切困难地向上生长。

1951 年，正值抗美援朝的困难时刻，党中央做出了建设航空工业的重大决定。这一年，21 岁的顾诵芬成为一名“航空人”，将自己的一生与祖国的航空事业紧紧联系在了一起。

1956 年，我国第一个飞机设计机构——沈阳飞机设计室成立，顾诵芬作为首批核心成员，担任气动组组长，开启了新中国自行设计飞机的征程。气动力设计是飞机设计的灵魂。他潜心学习研究国外资料，最终提出了亚声速飞机气动参数设计准则和气动力特性工程计算方法，出色完成歼教 1 飞机的气动布局设计。

1964 年，我国开始研制第一型高空高速歼击机，即歼 8 飞机，顾诵芬先作为副总设计师负责歼 8 飞机的气动设计，后全面主持该机研制工作。歼 8 飞机研制任务的圆满完成，结束了我国歼击机完全依赖引进的历史。

1980 年，歼 8 Ⅱ飞机立项研制。顾诵芬任该型号总设计师，是航空工业第一位由国家任命的型号总设计师。歼 8 系列飞机的研制，牵引构建了较为完善的航空工业体系，促进了冶金、化工、电子等工业的发展。顾诵芬被誉为“新中国杰出的飞机设计大师”“飞机气动力设计第一人”。

1986 年，顾诵芬离开他工作了 30 年的沈阳飞机设计研究所（现简称航空工业沈阳所），到中华人民共和国航空工业部（简称航空工业部）科技委工作，把工作重点放到了为航空装备的体系建设、重点型号未来发展、国防事业的宏观布局建言献策上。从大飞机专项设立，到四代机技术预研，再到最新的前沿科技的探索，他始终关注着我国航空事业前行的方向。

他的故事，对很多人来说耳熟能详，他也因此成为一代代后来者的榜样。

如果说新中国航空工业 70 多年的发展历程如大潮奔涌波澜壮阔，他个人在航空领域 70 多年的孜孜追求则如静水深流、笃定不渝。

他将自己完全融入了国家的航空事业之中，就像一条小河融入浩瀚的大洋。70 多年，他始终践行着“爱国、创新、求实、奉献、协同、育人”的新时代科学家精神，践行着“忠诚奉献　自力更生　艰苦奋斗　勇攀高峰”的航空报国精神，把一切都献给了祖国的蓝天、献给了党。他是我国航空工业 70 多年发展历程的亲历者、参与者、见证者，更是新中国航空工业的一个典范。

如果说以顾诵芬为卓越代表的一代代航空人，挺起了我国航空事业赓续前行的脊梁，那厚重的航空档案里，必然蕴藏着新中国航空事业取得跨越发展和辉煌成就的成功经验和精神密码，承载着航空人的初心使命，体现着航空人内在的精神品格，饱含着航空报国的集体记忆。

这本书以顾诵芬的成长轨迹为线条，以历史档案为佐证，透过一张张照片、一个个奖章、一页页档案，以慢镜头的形式回忆了他以身许国的初心使命、开拓创新的科学精神和治学为人的高尚品格。

这本书，更像一面镜子，通过记述一个人物，反射出强国征程中，“航空人”这个特殊群体的航空智慧、航空精神和航空情怀，将航空精神这座“无形”的丰碑“有形化”为可以时时诵读的书卷，将更加能够激励越来越多的人投身于航空这项充满激情和挑战的事业，也必将能够更加激励航空人以更大激情阔步迈进新时代航空强国建设新征程，在历史长卷上再谱华丽篇章！

顾诵芬院士寄语

中国航空事业发展需要年轻人才，他们是祖国的明天。我只想对年轻人说，心中要有国家，永远把国家放在第一位，要牢牢记住历史，珍惜今天的生活。多读书，多思考，努力学习，认真做好每一件事。

第三机
您好！
国务院决定
中华人民共和国国务院
进步工作中做出重大
特颁发此证书，以资

顾诵芬院士简介

顾诵芬，男，汉族，1930年2月出生，江苏苏州人，中国共产党党员，中国航空工业集团有限公司研究员。新中国飞机设计大师，飞机空气动力设计奠基人，中国科学院院士、中国工程院院士。

1951年毕业于上海交通大学，曾任中国航空工业集团公司沈阳飞机设计研究所所长兼总设计师，中国航空工业集团有限公司科技委副主任，中国航空研究院副院长、名誉院长，中国航空学会副理事长，中国空气动力研究会理事，第六、七届全国人大代表，第八、九届全国人大常务委员会委员。

顾诵芬始终致力于推动中国航空科技事业的发展。他创新设计多型飞机气动布局，建立了新中国飞机空气动力学设计体系。他主持研制的歼8、歼8Ⅱ超声速歼击机，开创了我国自主研制歼击机的先河，歼8系列飞机是20世纪我军的核心主战装备。他建立了我国歼击机研制体系，为航空武器装备的跨代升级发展做出巨大贡献。他高度关注国家战略安全，为大飞机飞上蓝天提供决策支持。他对党忠诚，甘于奉献，为国家培养了一大批飞机设计领军人才，为新中国航空工业发展做出了卓越贡献，曾获国家科技进步奖特等奖、国家科技进步奖一等奖、全国优秀科技工作者、五一劳动奖章、全国劳动模范、何梁何利科学与技术进步奖、国家最高科学技术奖等多项奖项和荣誉称号。

顾诵芬的人生和事业与中国社会的变革进程同步，与新中国航空工业发展历史密切相关。循着顾诵芬成长和取得成功的足迹，我们看到了航空工业的发展壮大，同时也看到了他的事业、成就、道德、人格和工作风范，更能感受到他在生活方面的简朴、对名利的淡泊和无私的奉献精神，让人们钦佩和景仰。

第三机
您好！
国务院决定
关于顾诵芬同志
型号总设计
国务院国防工办：

1994年

- 当选中国工程院院士
- 《863计划航天技术领域论证工作综合报告》荣获国防科技软科学技术进步奖二等奖

1995年

- 荣获何梁何利第二届科学与技术进步奖

2001年

- 歼8Ⅱ飞机荣获国家科技进步奖一等奖

2003年

- 荣获军队科技进步奖二等奖

2005年

- 《现代武器装备知识丛书》获国家科技进步奖二等奖

2008年

- 任中国航空研究院名誉院长
- 任中国航空工业集团公司科学技术委员会副主任

2010年

- 荣获国资委颁发『中央企业优秀共产党员』称号

2021年

- 荣获国家最高科学技术奖

2022年

- 荣获2021年度『感动中国』人物

顾诵芬年代图谱

1969年
- 歼8飞机成功实现首飞

1978年
- 歼8飞机荣获国家科学大会奖
- 任沈阳飞机设计研究所副所长兼总设计师

1979年
- 任松陵机械公司副总工程师、沈阳飞机设计研究所副所长、总设计师

1980年
- 歼8Ⅱ飞机立项研制

1981年
- 任歼8Ⅱ飞机总设计师

1984年
- 任沈阳飞机设计研究所所长

1985年
- 荣获五一劳动奖章
- 歼8全天候型设计定型
- 歼8飞机获国家科技进步奖特等奖

1986年
- 任航空工业部科学技术委员会副主任

1988年
- 任航空航天部科学技术研究院副院长
- 荣获全国劳动模范

1991年
- 荣获航空金奖
- 当选中国科学院学部委员、院士

立功证书

编号：0001

顾诵芬同志

在歼八Ⅱ新机研制首飞阶段，做出了优异成绩，荣立一等功。

- 1930 年　生于江苏苏州
- 1935 年　随父亲从苏州到北平，9 月到燕京大学附属小学一年级学习
- 1939 年　离开北平到上海
- 1941 年　上海育材中学读初中
- 1944 年　上海育群中学学习
- 1945 年　上海南洋模范中学学习
- 1947 年　上海交大航空工程系学习
- 1951 年　分配至航空工业局
- 1956 年　任沈阳飞机设计室气动组组长
- 1964 年　任国防部第六研究院第一研究所副总设计师
- 1965 年　参与主持歼 8 飞机设计

目 录

像静水深流，静水里涌动报国的火；似大象无形，无形中深藏着强国梦。心无旁骛，一步一个脚印，志在冲天。振长策，击长空，诵君子清芬。

第一部分

少年立志　静水深流　逐梦想扬帆航空

第一部分

少年立志　静水深流　逐梦想扬帆航空

一、书香门第　传承世家修养

顾诵芬，1930年2月4日出生于江苏苏州十梓街116号顾氏家族。顾氏家族是苏州著名的书香世家，清•康熙皇帝曾御题匾额“江南第一读书人家”。顾诵芬自幼受到淳朴家风的熏陶和亲属博学广识的影响，耳濡目染，在这种家学渊源的环境中逐步成长。

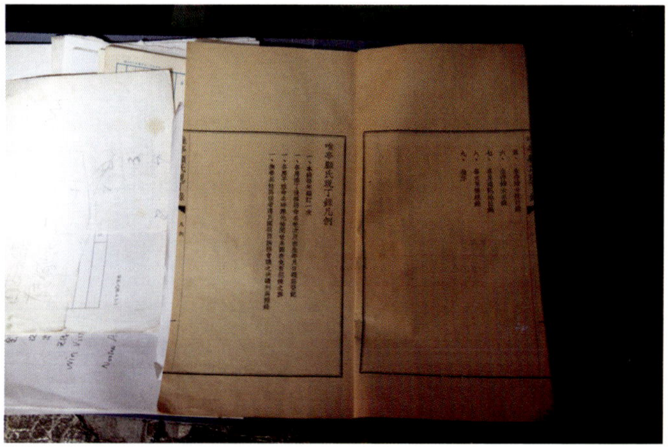

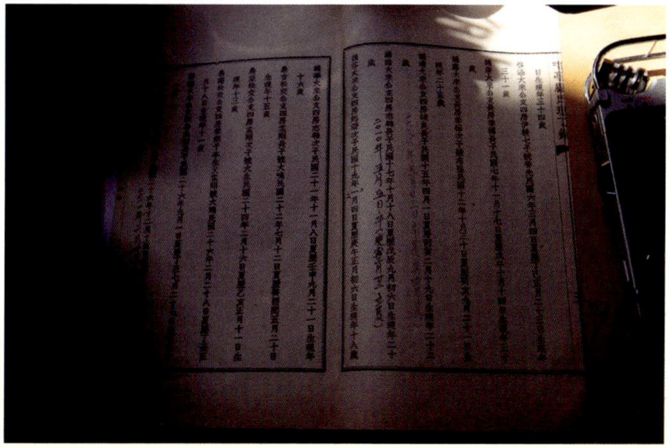

唯亭顾氏现丁录（左）

唯亭顾氏现丁录中对顾诵芬的记载（右）

顾诵芬家

顾廷龙父亲

顾元昌
（1876—1933）

字竹龛，别号冰谷。生性聪颖，又好学问。爱读古籍，尤喜抄书。因时运不济，绝意仕途，一心研究金石艺文。其精书艺，染翰四体，晚年曾任江苏省苏州中学书法教师多年

顾廷龙母亲

王怀婉
（1879—1923）

字浣玉，出身苏州名门世家，祖父为江西提学使王赓伯，父亲王同懋曾任安乡县知县、澧州直隶州知州，叔叔为创办苏州府学会、江苏总学会的国学大师王同愈

王怀婉叔叔

王同愈
（1855—1941）

字文若，又字胜之，号栩缘。晚清民国学者、藏书家、书画家、文物鉴赏家。光绪十五年 (1889) 进士，历任江西学政、顺天乡试考官、湖北学政。曾与张謇等主持江苏省铁路事宜。辛亥革命时，隐居上海，长于算术。其书画、篆刻皆工。著有《说文检疑》《栩缘随笔》《栩缘诗文集》等

顾翼东外祖父

顾翼东
（1903—1996）

化学家，九三学社社员。高祖父顾沅。1923 年毕业于东吴大学化学系。1925 年和 1935 年分别获美国芝加哥大学硕士、博士学位。曾任东吴大学化学系教授、系主任，复旦大学教授。从事我国丰产元素钨、钼、铌、钽及稀有元素化学的研究，开展有关液 - 固体系平衡相图及溶剂萃取的工作，成就卓著。1980 年当选为中国科学院化学部学部委员（院士）

顾廷龙
（1904—1998）

号起潜。先后毕业于上海持志大学国文系、燕京大学研究院国文系，参与创办上海合众图书馆，任总干事，兼任暨南大学、光华大学教授。1949 年后，任上海历史文献图书馆馆长、上海图书馆馆长，华东师范大学、复旦大学兼职教授，《中国古籍善本书目》主编，著有《吴愙斋先生年谱》《说文废字废义考》《章氏四当斋藏书目》等

顾诵芬父亲

顾诵芬

顾廷龙族侄

顾颉刚
（1893—1980）

原名诵坤。毕业于北京大学哲学部。曾任燕京大学教授、历史系主任，中央研究院院士。1949 年后，任中国科学院、中国社会科学院历史研究所研究员和学术委员，曾任中国民间文艺研究会副主席、中国民主促进会中央委员、全国人大代表、全国政协委员，是“古史辨”学派创始人和历史地理学、民俗学的开创者

世谱系图

潘承圭高祖

潘世恩

（1770—1854）

字槐堂，一作槐庭，号芝轩。清乾隆五十八年 (1793) 癸丑科状元。嘉庆年间历任翰林院掌院学士、工部尚书，调任户部、吏部尚书等。道光年间任礼部、工部、吏部尚书，拜体仁阁大学士，管户部、军机大臣，晋东阁大学士，充上书房总师傅，加太子太保，晋武英殿大学士，加太傅。卒于清文宗咸丰四年，谥文恭。著有《潘文恭公自订年谱》《思补堂集》等

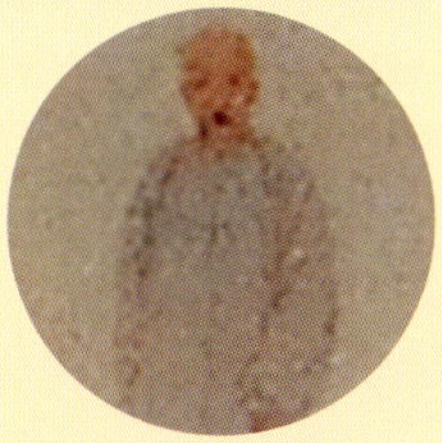

潘承圭叔祖

潘祖荫

（1830—1890）

字伯寅，号郑盦。为历任乾隆、嘉庆、道光、咸丰四朝高官的状元宰辅潘世恩之孙。历任侍读学士、工部尚书、军机大臣等。好金石图书，金石收藏甲于吴中，闻名南北，其国宝级藏品大盂鼎和大克鼎，为我国青铜器至尊。著有《滂喜民斋丛书》《攀古楼彝器款识》等

顾诵芬母亲

潘承圭

（1906—1967）

出身苏州名门世家，其高祖为太傅、武英殿大学士潘世恩，堂叔祖工部尚书、军机大臣潘祖荫，父亲潘亨榖。兄潘承厚、弟潘景郑（即潘承弼）都为近代藏书家、版本目录学家。与顾廷龙于 1922 年 9 月 5 日在苏州结婚

潘承圭姑姑、姑父

潘静淑

（1892—1939）

名树春，室名梅景书屋（与夫吴湖帆共用，收藏有宋本《梅花喜神谱》）。潘祖荫弟祖同之女，能画草虫花卉，雅好填词。有“绿遍池塘草”句，为世所诵，插诸图画，唱和成册

吴湖帆

（1894—1968）

生于燕北，故名翼燕，更名万，字东庄，又名倩，号倩庵，书画则多署湖帆。曾于上海办书画事务所、正社书画会。1949 年后，为上海中国画院画师，曾任中国美术家协会上海分会副主席，画工山水，是现代海派画家的领袖人物。书法自成一格。亦善填词，富收藏，精鉴赏。著有《联珠集》《梅景书屋全集》《吴湖帆画集》及《佞宋词痕》等

吴湖帆叔父

吴大澂

（1835—1902）

初名大淳，字止敬，又字清卿，号恒轩，晚号愙斋。同治七年 (1868) 进士。历任编修、陕甘学政，河北道、太仆寺卿、通政使、左祠都御史等。后署广东巡抚、河南山东河道总督、湖南巡抚，中日甲午战争时因兵败罢归、善诗文，亦工书画篆刻，精于金石考古。著有《说文古籍补》《愙斋文集》等

潘承圭哥哥

潘承厚

（1904—1943）

字温甫，一作温浦，号少卿、博山，别署蓬盦（庵），室名竹山堂、宝山楼、范砚楼。藏书家。精于版本目录之学，亦擅画山水、花卉。曾任故宫博物院顾问。辑《明清画苑尺牍》《元明书翰》《明季忠贤尺牍》等，著《古埙考释》一卷

潘承圭弟弟

潘承弼

（1907—2003）

号景郑，字良甫，笔名寄沤，室名著砚楼、陟冈楼。古典文学研究家、目录版本学家。早年师从吴朴安和章太炎。曾在苏州任章氏国学讲习会讲师，编辑《制言》杂志，加入考古学社。晚年任上海图书馆研究员、兼华东师大图书馆系教授、中国古籍善本书目编委会顾问。著有《日知录补校》《著砚楼书跋·读书札记》等

苏州名人馆供稿

顾诵芬的祖父顾元昌是苏州颇有名气的书法家。顾诵芬曾外叔祖王同愈为晚清至民国年间著名藏书家、书画家、文博鉴赏家。顾诵芬名字中“诵芬”二字即由其所起，取自晋代陆机《文赋》中名句：“咏世德之骏烈，诵先人之清芬”。顾诵芬父亲顾廷龙是版本目录学家、书法家，曾就读于上海持志大学国文系，新中国成立后曾任上海图书馆馆长。顾诵芬族兄顾颉刚为著名历史学家、“古史辨”学派创始人。

顾诵芬的祖父和继祖母

顾诵芬的祖母、父亲和叔父顾廷凤

王同愈

顾颉刚

顾廷龙纪念馆（上）

顾廷龙故居（左下）

2011 年，苏州启动首批古建老宅保护修缮工程，苏州文旅集团成立了苏州古城投资建设有限公司，将顾廷龙故居列入保护修缮计划并付诸实施（右下）

顾诵芬参加父亲顾廷龙诞辰 110 周年纪念座谈会

顾诵芬一家参观顾廷龙纪念馆

顾廷龙与潘承圭

顾诵芬的母亲潘承圭出身苏州名门潘氏家族，为苏州望族“贵潘”后人潘亨谷的女儿。作为清代“彭宋潘韩”四大巨族之一的潘氏家族，旧称“贵潘”。苏州潘氏一门，先后出了9名进士。清末重臣李鸿章出于潘氏三十一世潘曾莹门下，曾为潘家题匾“祖孙父子叔侄兄弟翰林之家”。顾诵芬外祖父潘亨谷，曾为光禄寺署正、附贡生；顾诵芬舅父潘承厚、潘承弼均是藏书家、版本目录学家。

二、青衿饱学　起航航空梦想

1935年，顾诵芬随父亲从苏州到北平，搬到海淀区的成府蒋家胡同，住进族兄顾颉刚的住宅。同年9月，他进入燕京大学附属小学一年级学习；1939年7月，离开北平到上海，进入私立龙华小学读五年级；1940年，受父亲主持合众图书馆工作影响，开始大量接触图书、期刊。

顾廷龙全家与顾颉刚一家在北平成府蒋家胡同寓所合影（后排右起顾廷龙、顾颉刚、顾颉刚夫人、潘承圭、顾颉刚次女顾自珍，前排右起顾诵诗、顾诵芬）（上）

1935年，顾廷龙全家赴北平前与顾廷凤夫妇合影，前中为顾诵芬（下左）

与哥哥顾诵诗在蒋家胡同3号院（下右）

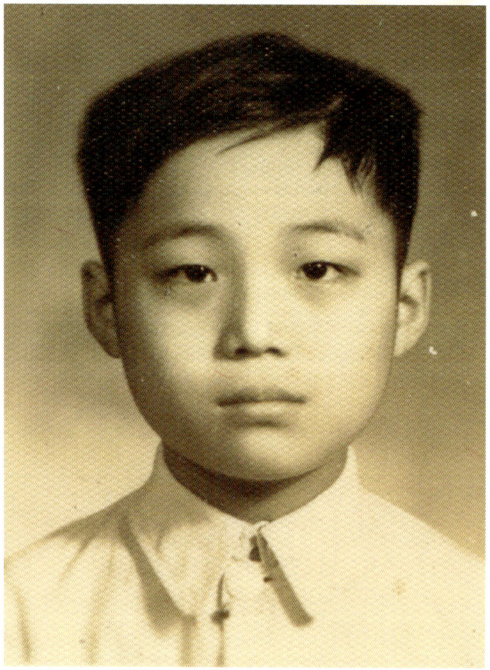
顾诵芬小学毕业照

顾诵芬（前左四）8岁时与燕大附小二年级师生合影

全家在燕京大学适楼前合影（后排左顾廷龙、后排右潘承圭、前排左顾诵诗、前排右顾诵芬）

顾诵芬小学时用过的直尺

1941 年，顾诵芬从上海私立龙华小学毕业，进入上海育材中学读初中，期间开始喜欢自己动手制作航空、航海模型。1944 年，他进入上海育群中学学习，1945 年，进入上海市南洋模范中学学习。

上海市南洋模范中学

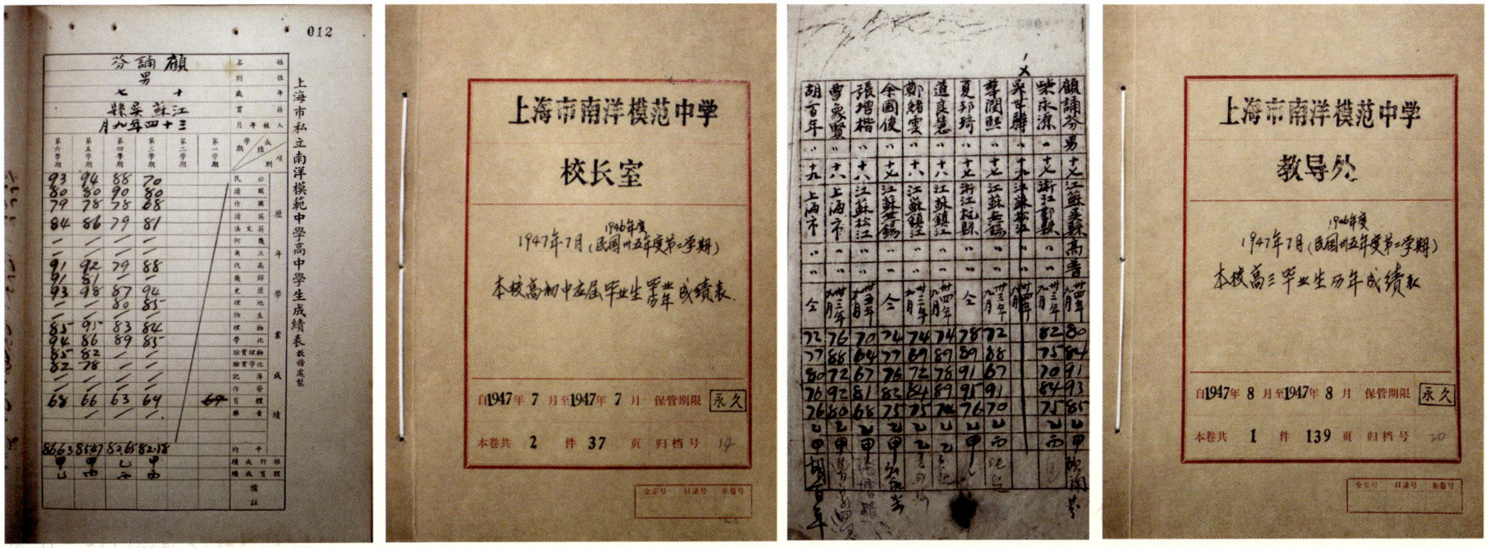

顾诵芬在上海市南洋模范中学的档案资料

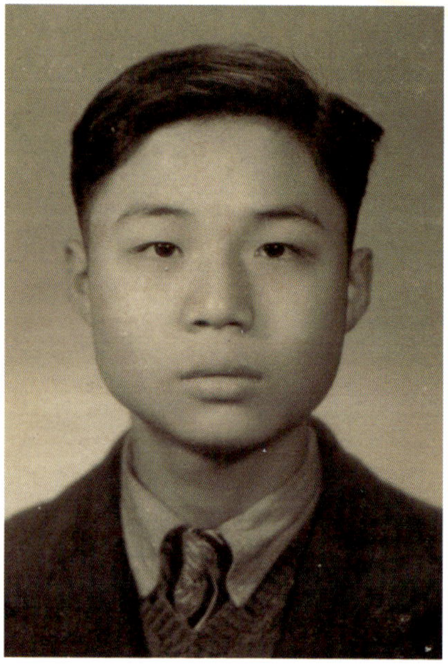

顾诵芬高中毕业照（左上）

1943 年，顾诵芬中学时期制作的航模（右上）

顾诵芬与上海交大航空系同学游西湖（左下）

1947 年，在各大学航空系毕业生均无出路的情况下，顾诵芬仍然坚定地选择报考浙江大学、清华大学、上海交通大学航空系，并同时被三校录取，最终他选择了上海交通大学航空工程系空气动力学专业。

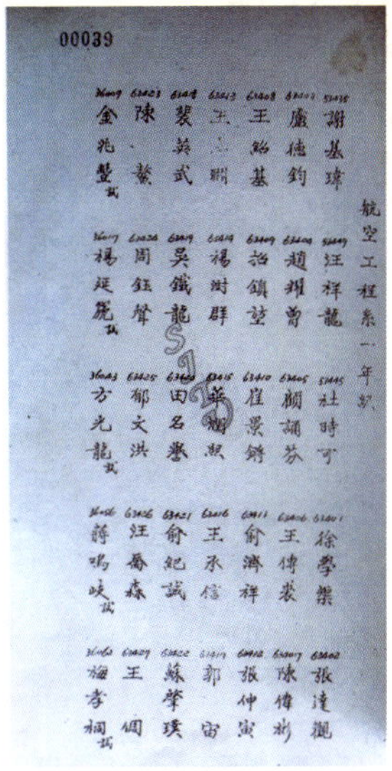
航空工程系一年級

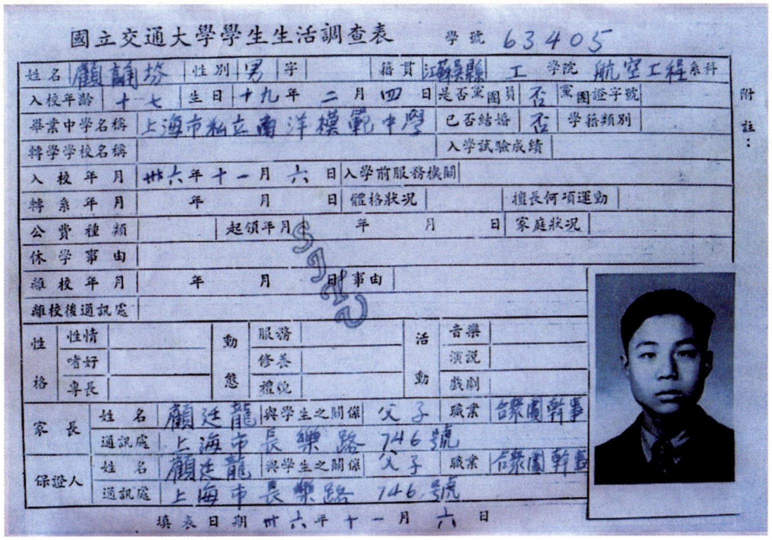
國立交通大學學生生活調查表　學號 63405

姓名	顧誦芬
性別	男
籍貫	江蘇 蘇縣
學院	工
系科	航空工程
入校年齡	十七
生日	十九年二月四日
是否黨團員	否
畢業中學名稱	上海市私立南洋模範中學
已否結婚	否
入校年月	卅六年十一月六日
家長 姓名	顧廷龍
與學生之關係	父子
職業	合衆圖書館
家長 通訊處	上海市長樂路746號
保證人 姓名	顧廷龍
與學生之關係	父子
保證人 通訊處	上海市長樂路746號
填表日期	卅六年十一月六日

1947 年，上海交通大学航空工程系一年级学生名册和学生生活调查表

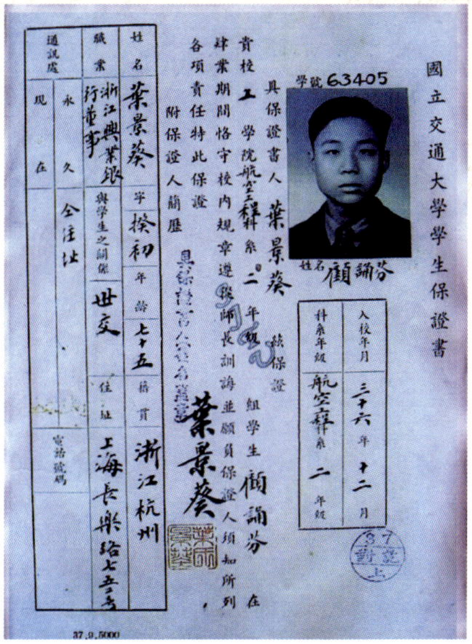
國立交通大學學生保證書

學號 63405

姓名 顧誦芬

保證人 葉景葵

職業 浙江興業銀行董事

通訊處 上海長樂路

籍貫 浙江杭州

年齡 七十五

入校年月 三十六年十二月

科系年級 航空工程系 二年級

叶景葵作为担保人为顾诵芬填写的国立交通大学学生保证书

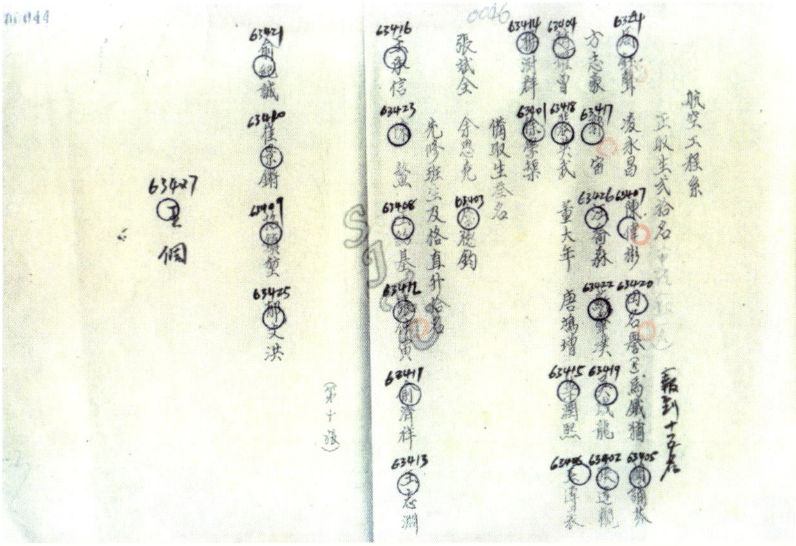
航空工程系

上海交通大学航空工程系录取名单

叶景葵

顾诵芬（前左三）与上海交通大学航空系同学合影

顾诵芬大学毕业照

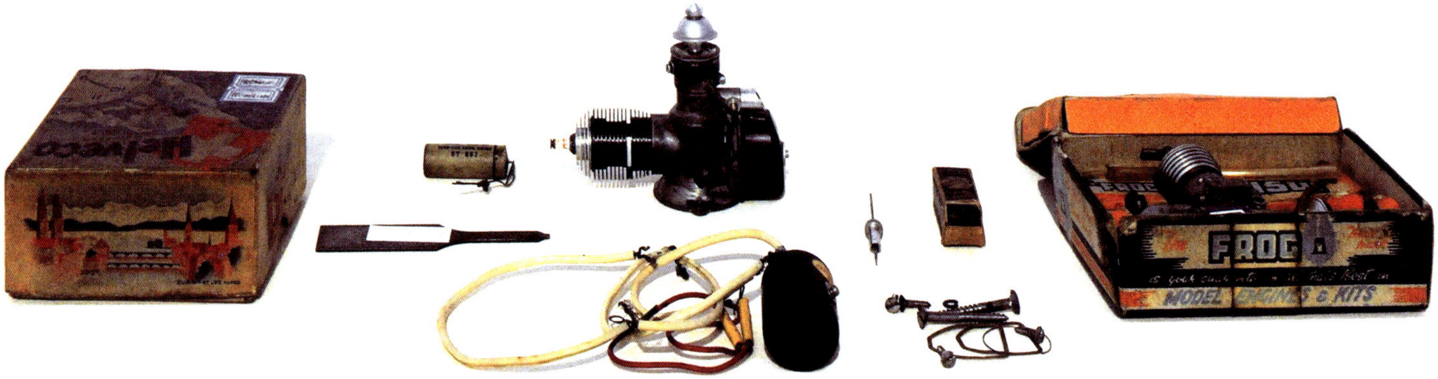

顾诵芬在上海交大航模协会时期使用的轻木和航模电机

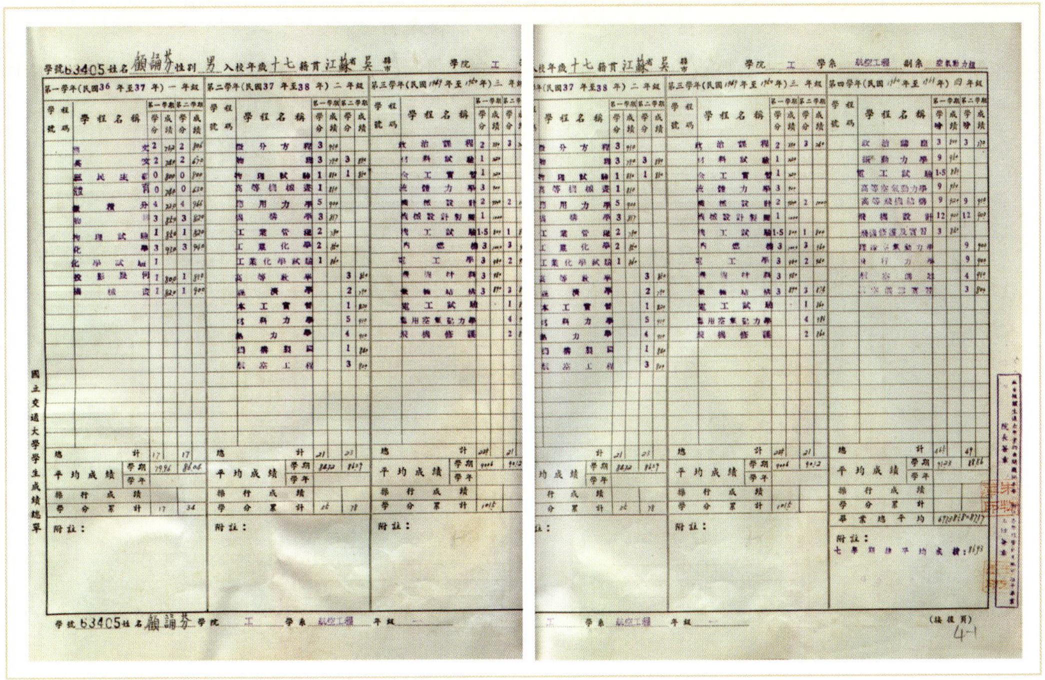

顾诵芬在上海交通大学时期的档案资料

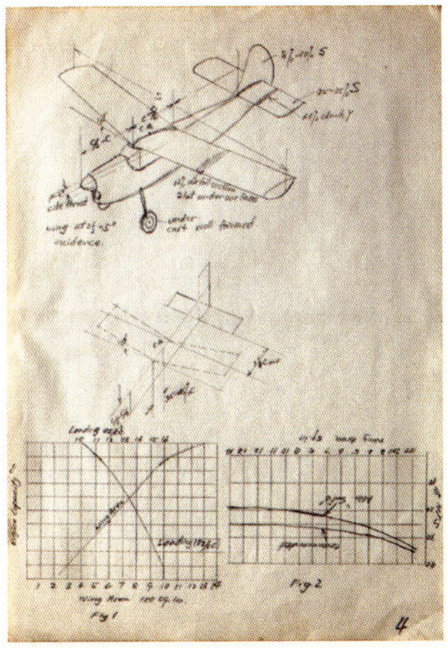

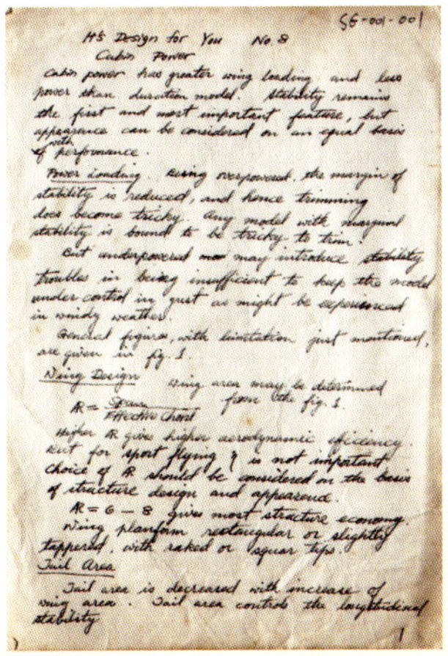

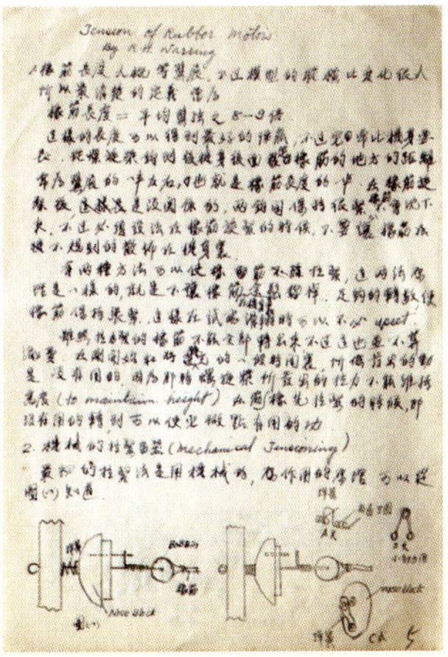

顾诵芬进行航模设计、制作的相关资料

第二部分

少壮担纲　筚路蓝缕　择一业而立一生

一、胸怀梦想 奔赴第二故乡

1951 年 1 月 1 日，遵照周恩来总理的指示，以何长工为团长，段子俊、沈鸿为团员的代表团启程赴苏联，就争取苏联帮助中国建设航空工业进行谈判。双方于 1951 年 1 月 12 日正式开始谈判，先后在莫斯科进行了总计 18 天的艰苦谈判，于 2 月 19 日就三个主要问题达成协议。1951 年 2 月 19 日，时任中华人民共和国重工业部（简称重工业部）代部长的何长工上报《关于飞机修理工业问题、关于与苏联订的技术合同问题、关于驻苏商务参赞处的工作问题的报告》，开始筹建新中国的航空工业。1951 年 4 月 17 日，中央人民政府革命军事委员会和政务院颁发了《关于航空工业建设的决定》，宣布成立航空工业管理委员会，新中国航空

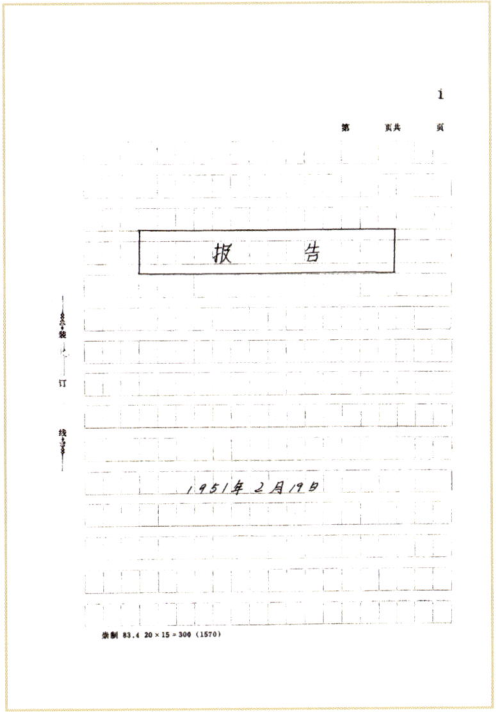

1

第　页共　页

报　告

1951年2月19日

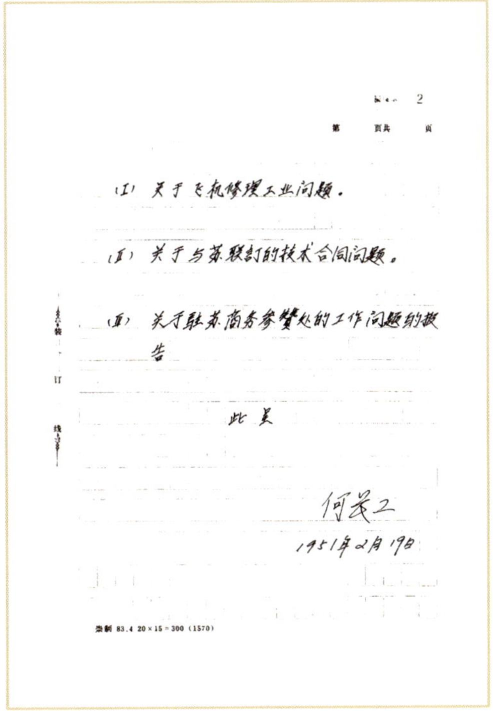

2

第　页共　页

(1) 关于飞机修理工业问题。

(2) 关于与苏联订的技术合同问题。

(3) 关于驻苏商务参赞处的工作问题的报告

此呈

何长工

1951年2月19日

1951 年 2 月 19 日，时任重工业部代部长何长工上报《关于飞机修理工业问题、关于与苏联订的技术合同问题、关于驻苏商务参赞处的工作问题的报告》

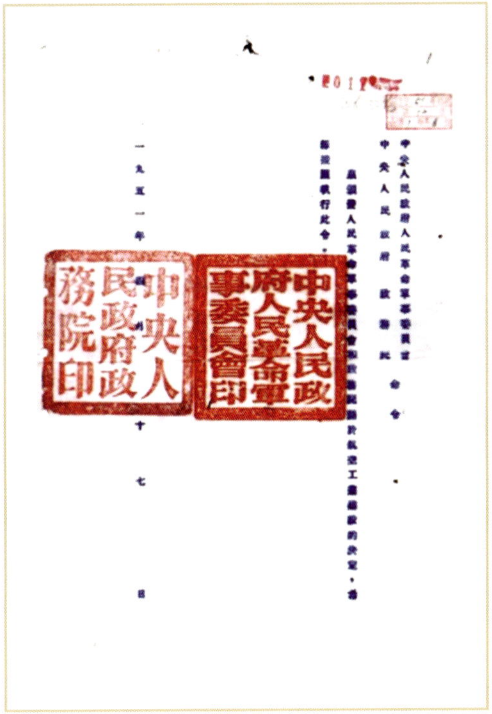

中央人民政府人民革命軍事委員會
中央人民政府政務院 命令

一九五一年 十 七 日

中央人民政府人民革命軍事委員會印

中央人民政府政務院印

中央人民政府革命军事委员会和政务院颁发的《关于航空工业建设的决定》

沈阳 111 厂大白楼——1951 年 4 月 18 日，航空工业局在沈阳民生路 63 号开始办公，10 月又迁至 111 厂大白楼

工业在抗美援朝的硝烟中宣告诞生。

新中国航空工业诞生后，怀抱着航空热情和报国理想的年轻人开始加入航空工业的建设中。顾诵芬作为其中的一员，于 1951 年 8 月，从上海交大航空工程系毕业后，同上海各大学分配到重工业部的 20 多名同学一起，从上海来到北京。

顾诵芬被分配到重工业部航空工业管理局（简称航空工业局），在北京办好报到手续后，到了沈阳（航空工业局当时的办公地点在沈阳），在徐昌裕、徐舜寿、黄志千等航空老前辈的直接领导下工作。自此，他们在一穷二白的条件下，开始了新中国战机的自行研制。

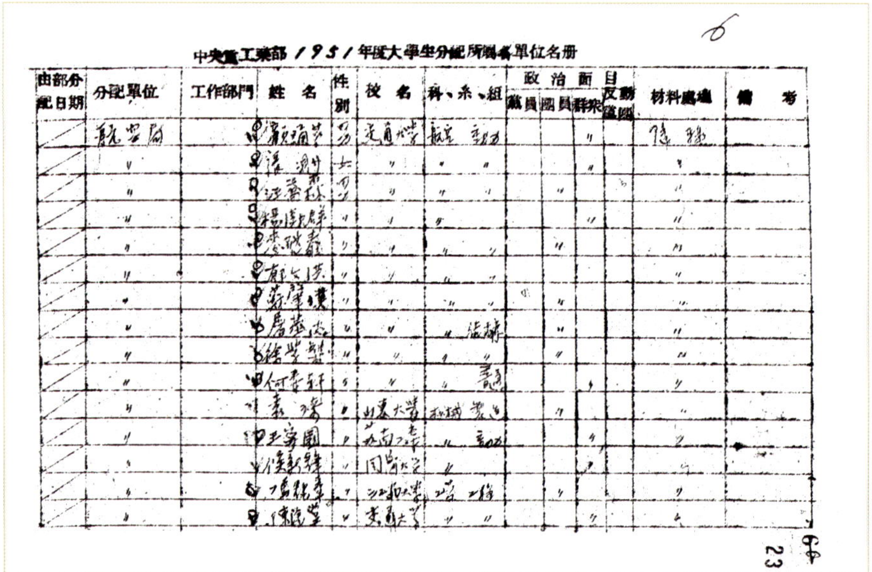
中央重工業部 1951 年度大學生分配所屬各單位名册

由部分配日期	分配單位	工作部門	姓名	性別	校名	科、系、組	政治面目 黨員	團員	群衆	反動黨團	材料處理	備考
	航空局		顾诵芬	男	交通大学	航空 [illegible]			〃		陈[illegible]	
	〃		[illegible]									
	〃		[illegible]									
	〃		[illegible]									
	〃		[illegible]									
	〃		[illegible]									
	〃		[illegible]									
	〃		[illegible]									
	〃		[illegible]									
	〃		[illegible]									
	〃		[illegible]									
	〃		[illegible]		[illegible]	[illegible]						
	〃		[illegible]		[illegible]	[illegible]						
	〃		[illegible]		[illegible]							
	〃		[illegible]		[illegible]	[illegible]						
	〃		[illegible]		[illegible]							
	〃		[illegible]									

重工业部 1951 年度大学生分配至航空局名册，其中第一位即为交通大学顾诵芬

徐昌裕

徐舜寿

黄志千

顾诵芬（左一）在重工业部四局第一技术科设计组时与黄志千（左二）、李泽藩（右一）等在沈阳北陵公园合影

1952 年 4 月 5 日，航空工业局由沈阳迁至北京西城区福绥境 38 号。顾诵芬随航空工业局迁至北京，投身于对苏制飞机的修理和仿制工作。

进入航空工业局，顾诵芬在生产处制图组工作。从保证修理需求到对零部件的仿制，从复制苏联图纸到调研、处理仿制生产中存在的技术问题，顾诵芬一步步地把学校里学到的知识与飞机制造中的实际结合了起来。但他的兴趣还是在飞机设计方面，每天对着图板复制、翻译苏联的现成图纸，实在过于简单枯燥，他不甘心就做这些工作，经常会找一些技术书籍、刊物来看。工作期间，他自学了俄语，能够独自熟练阅读俄语资料，并曾为徐舜寿翻译的《飞机构造学》和《飞机强度学》做校对，1956 年破格晋升为八级工程师。

1952 年 8 月 27 日，周恩来总理在航空工业局报送的航空工业第一个五年计划草案上做了修改，其要点是：航空工业在 3~5 年内应从修理阶段转向制造阶段，大量生产飞机和发动机，并扩大修理能力。计划建设项目包括六大修理厂改建为制造厂，并另外新建一套飞机和发动机制造厂；建设 5 个修理厂给空军；建设 7 个仪表、附件、电器工厂；建设航空科学研究院和实验室。

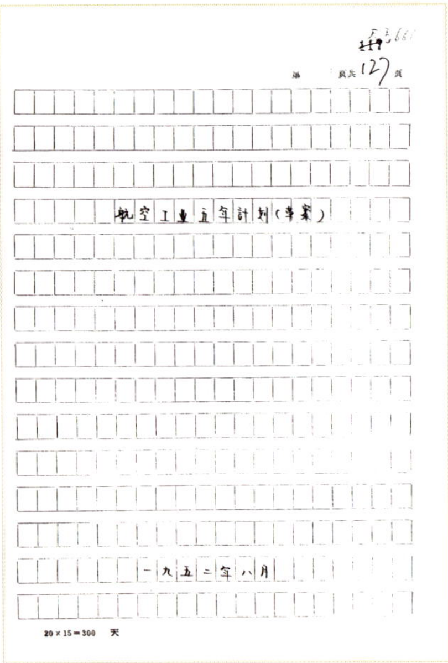
航空工业五年计划（草案）

一九五二年八月

20×15=300

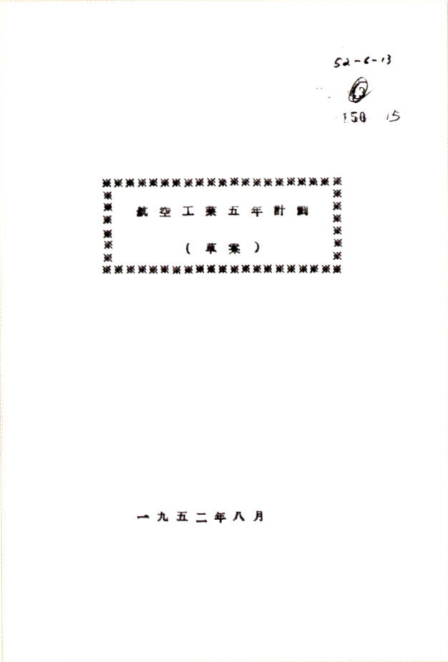
航空工业五年计划

（草案）

一九五二年八月

航空工业五年计划（草案）

1952 年中，航空工业局机构调整，成立了飞机技术科，即第一技术科，主管各飞机厂的设计科以及飞机制造的工艺技术问题，徐舜寿任科长。顾诵芬被调到第一技术科任技术员，开始在徐舜寿的直接领导下工作。

1953 年 12 月，在航空工业局工作期间，顾诵芬经刘鹤守介绍加入中国共产主义青年团。

二、浸心探索 英年展露才华

（一）历尽艰辛，圆满完成歼教 1 飞机气动力设计

“一五”期间，是航空工业大规模发展的时期，国家投入了大量人力、财力、物力，航空工业边建设边生产。1954 年 4 月，顾诵芬参加了我国第一架初教 5 的计划工作。

1956 年，党中央发出“向科学进军” 的号召。同年 8 月 2 日，航空工业局局长王西萍发布了《关于成立飞机、发动机设计室的命令》(简称《命令》)，决定从 1956 年 8 月 15 日起，在国营松陵机械厂（现简称航空工业沈飞）、沈阳航空喷气发动机制造厂（现简称中国航发黎明）分别成立飞机、发动机设计室。

《命令》决定任命徐舜寿为飞机设计室主任设计师，黄志千、叶正大为副主任设计师；任命虞光裕为发动机设计室主任设计师，张世英为副主任设计师；其他人员由局干部处提出配备方案，经局批准后从各厂校抽调。

《命令》确定了飞机设计室的主要任务：集中一批技术力量，一面学习苏联的产品设计资料和有关的基本规范，掌握设计计算程序和方法；一面在工厂进行生产实习，熟悉产品的工艺过程。然后，在此基础上，开始部件或整机产品的实习设计，为将来建设飞机、发动机设计所准备条件和培养干部。

《命令》强调，飞机、发动机设计室成立后，应立即迅速拟定今后两年内的工作规划和措施计划。开展航空科学研究和设计工作是关系到我国航空工业发展建设的问题，是一项极其重要的政治任务。航空工业所属各企业、各部门，均应积极地给予支援和帮助。其中国营松陵机械厂、沈阳航空喷气发动机制造厂尤其负有特殊的责任，两厂必须充分关怀与支持设计室的工作，及时帮助解决工作条件和有关问题，使飞机、发动机设计室的工作

飞机设计室大门

飞机设计室办公室

在这样简陋的环境里，顾诵芬完成歼教 1 飞机的气动设计，并与全室设计人员通力合作，完成了歼教 1 等多种型号飞机的设计

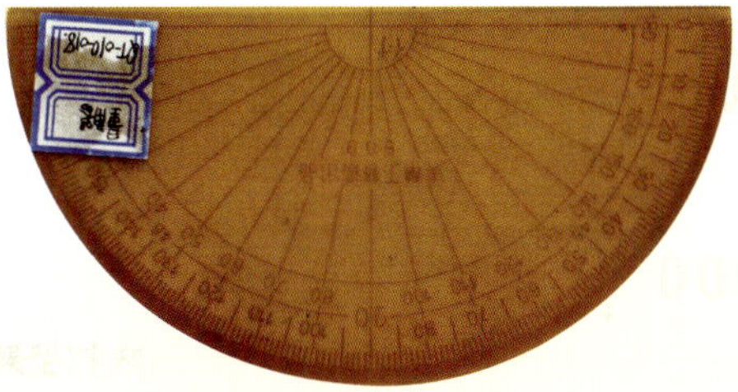

顾诵芬当年使用过的量角器

顾诵芬当年使用过的桌柜绘图板

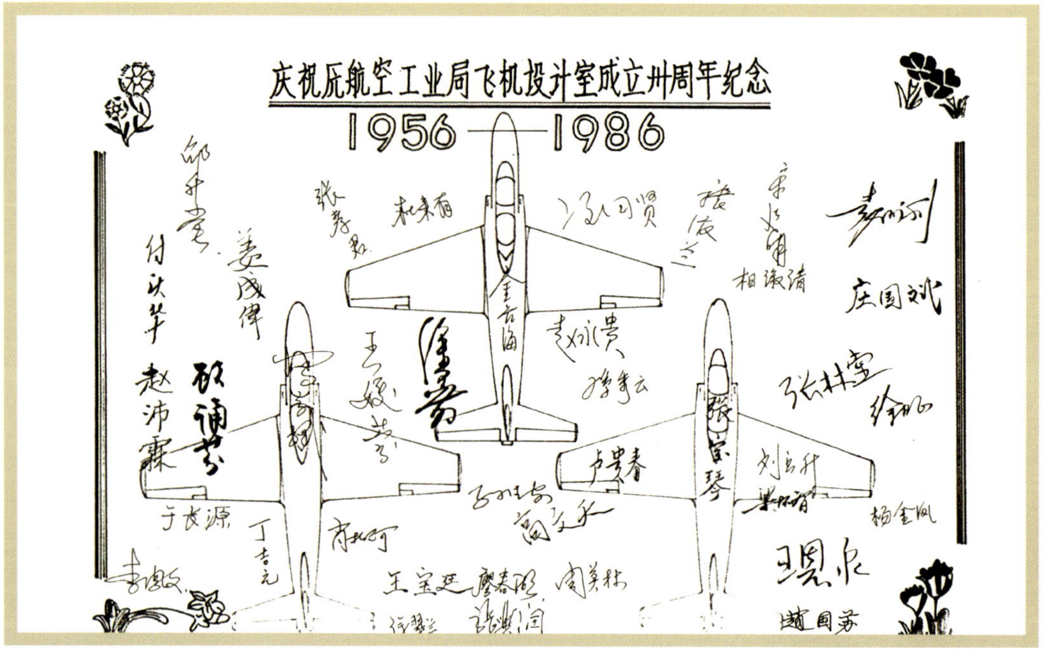

飞机设计室成立 30 周年纪念卡

庆祝飞机设计室成立三十周年合影（中排左七为顾诵芬）

1957 年，顾诵芬在沈阳国营松陵机械厂宿舍读书

徐昌裕

得以迅速、顺利地进行。

成立飞机设计室的命令发布后，航空工业局首先调徐舜寿、黄志千、顾诵芬与程不时四人到设计室工作。作为飞机设计室的筹建者和技术骨干，26 岁的顾诵芬离开北京奔赴沈阳，在这支荟萃了新中国最优秀飞机设计师的队伍中担任气动组组长，主持歼教 1 飞机的气动力设计工作。

接到飞机设计室主任设计师的任命后，徐舜寿的第一反应就是要立即开始学习。徐舜寿为这支年轻的队伍安排的第一项任务就是学习。他给设计室的技术骨干聘请了顾问，例如颤振专业方面聘请了陈基建、张桂联教授和苏联的强度专家；风洞方面聘请了马明德教授；气动专业聘请了张桂联、罗时钧教授。顾诵芬对徐舜寿的做法非常赞赏，他曾多次回忆说，那时顾问的工作方式不是现在的评审会，而是专题专问的方式，效率很高，“我们的疑难问题经他们一指点立刻就解决了”。

通过大力收集各类航空科技书刊和文献资料，不到半年时间，飞机设计室就建成了一个拥有几千册航空图书和科技文献的资料室。这个在当时国内收藏量最多的航空科技文献资料室，不仅为以后我国自行设计飞机准备了参考和依据，也为形成勤奋、刻苦的学习氛围提供了条件。

1956 年 9 月 12 日，中华人民共和国第二机械工业部（简称第二机械工业部）第四局在沈阳飞机厂（现简称航空工业沈飞）召开飞机、发动机设计工作座谈会，会议由徐昌裕主持。沈阳飞机厂副厂长熊焰，沈阳航空发动机厂副厂长程华明，飞机设计室徐舜寿、黄志千、叶正大，发动机设计室虞光裕，以及两厂的苏联专家等参加。会议对飞机、发动机设计工作发展的技术途径、方针、人才调集、计划安排等进行了研究讨论。与会人员一致认为，自行设计应尽快开始。1956 年 10 月 9 日，徐舜寿等人呈报《关于开展飞机设计工作的报告》，提出设计并制造前三点起落架的亚声速喷气教练机（即歼教 1 ）方案。

1956 年 10 月 31 日，第二机械工业部第四局分党组向部党组上报《为成立飞机、发动机设计室及请求解决问题的报告》，设计并试造一种亚声速喷气式歼击教练机，预计 1957 年第一季度作出初步设计（包括三面图、性能估计、所需协作方案、进度计划、预算），经批准后，计划在 1959 年设计试造完成，1960 年进行静力试验和试飞。

设计亚声速喷气式教练机的任务明确以后，按照分工，顾诵芬负责气动设计，确定这架飞机总体参数的任务落在了他的肩头。因为他在学校学的是螺旋桨式飞机理论，所以要做喷气式飞机，许多东西需从头学起。他刻苦学习，积极探求，找到了北航的张桂联教授，请他讲授飞机设计的基本知识。在张桂联教授的指导下，顾诵芬查阅了有关资料，用 7 天时间在北京航空学院图书馆一点一点摘录，一笔一笔描图，初步掌握了亚声速两侧进气道设计的要领。又经过两个多月的计算和设计，他确定了进气道的外廓尺寸和有关参数，国内首次设计出亚声速两侧进气道。他选择、确定了机翼的平面形状，保证了机翼具有满意的气动特性，较好地完成了设计任务。苏联中央流体空气动力研究院副院长审查后认为，气动设计性能达到甚至超过设计指标。顾诵芬开创了中国飞机气动设计实用计算方法，奠定了中国飞机设计基础。

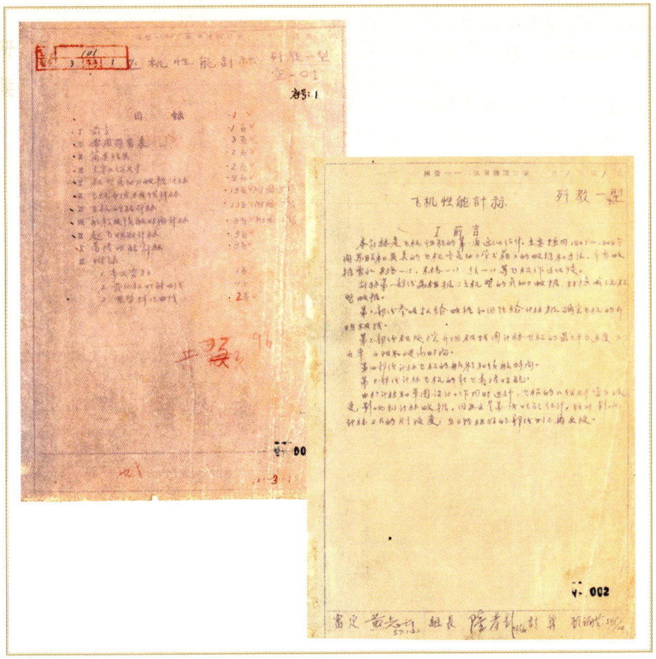
飞机性能计算　歼教一型

目录

飞机性能计算　歼教一型

I 前言

顾诵芬（计算）、陆孝彭（组长）、黄志干（审定）在《歼教 1 飞机性能计算》上的签名

随着风洞试验中的问题一个个解决，歼教 1 的气动力设计一步步成熟，顾诵芬在飞机空气动力学的应用与实践方面的学识和经验也在不断积累。

1957 年 5 月，八级木工陈明生带队，在从来没有制造过木质样机、设计人员也不知道如何做的情况下，历时 100 天于 1957 年 8 月一次性制造成功歼教 1 木质样机。1958 年 7 月 26 日 4 时 28 分，我国自行设计制造的中国航空历史上第一型喷气式歼击教练机歼教 1 在沈阳飞机厂机场首飞成功。随后歼教 1 飞机共进行了 8 次飞行试验，总计飞行 2 小时 23 分，完成了初步飞行试验。歼教 1 飞机从 1956 年 10 月开始设计到 1958 年 7 月首飞成功，只用了一年零九个月的时间，其速度之快，在国外也属罕见。歼教 1 的研制，开启了我国航空工业从仿制到走向自行设计制造的第一步，顾诵芬对歼教 1 的飞机设计成功做出了重大贡献。

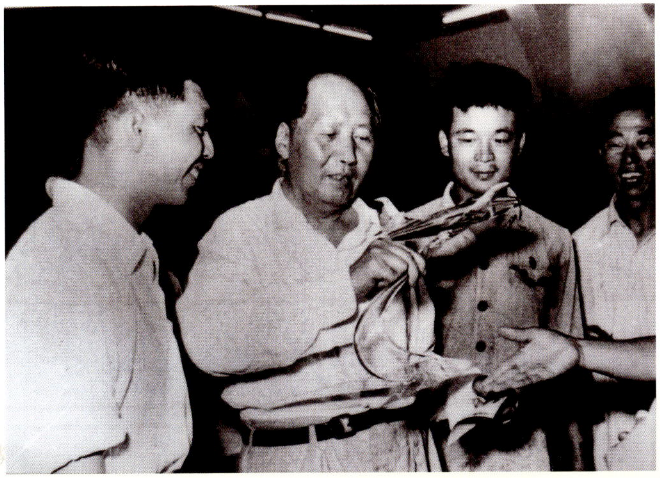
毛泽东主席观看歼教 1 飞机模型

顾诵芬（二排左三）与苏联专家等在歼教 1 木质样机前合影

歼教 1 飞机拉出总装车间

歼教 1 飞机在试飞站准备试飞

歼教 1 飞机在空中的雄姿（上）
徐舜寿与歼教 1 飞机飞行员于振武交谈（左下）
于振武走下飞机（右下）

叶剑英、刘亚楼等观看歼教 1 飞机飞行表演

歼教 1 飞机首飞合影

飞机着陆后，试飞员于振武向叶剑英副主席报告：“飞行性能良好”

1958 年 8 月 4 日，中央军委副主席叶剑英为歼教 1 飞机首飞剪彩

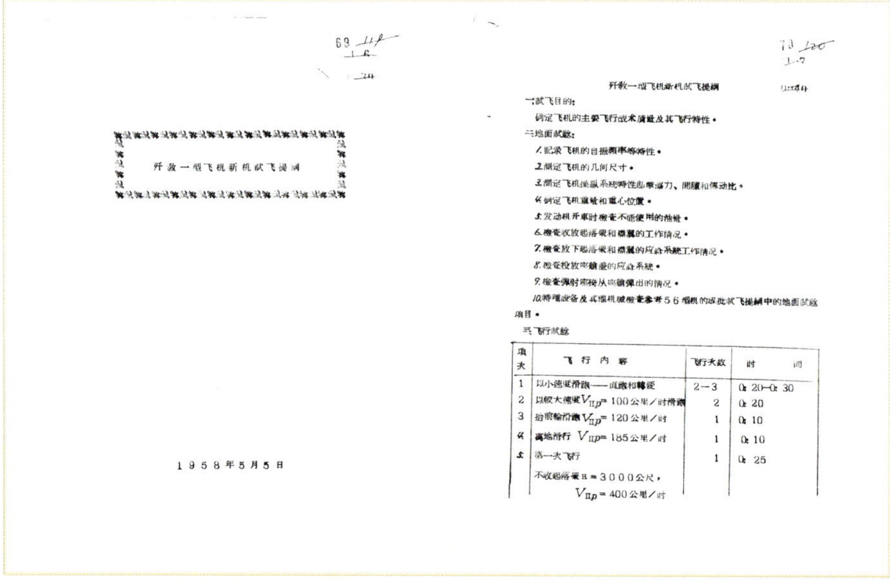

歼教一型飞机新机试飞提纲

1958年5月5日

歼教一型飞机新机试飞提纲

一、试飞目的：

确定飞机的主要飞行战术质量及其飞行特性。

二、地面试验：

1. 记录飞机的自振频率特性。
2. 测定飞机的几何尺寸。
3. 测定飞机操纵系统特性、摩擦力、间隙和传动比。
4. 确定飞机重量和重心位置。
5. 发动机开车时检查不能使用的油量。
6. 检查收放起落架和襟翼的工作情况。
7. 检查放下起落架和襟翼的应急系统工作情况。
8. 检查投放座舱盖的应急系统。
9. 检查弹射座椅从座舱弹出的情况。
10. 特殊设备及武器机械检查参考56型机的成批试飞提纲中的地面试验项目。

三、飞行试验

项次	飞行内容	飞行次数	时间
1	以小速度滑跑——直跑和转弯	2—3	0:20—0:30
2	以较大速度 V_{IIp} = 100公里／时滑跑	2	0:20
3	抬前轮滑跑 V_{IIp} = 120公里／时	1	0:10
4	离地滑行 V_{IIp} = 185公里／时	1	0:10
5	第一次飞行 不收起落架 H = 3000公尺， V_{IIp} = 400公里／时	1	0:25

《歼教一型飞机新机试飞提纲》

歼教 1 飞机的意义在于它是我国自行设计的第一架喷气式歼击教练机，虽然没能装备部队，但这架飞机的设计制造，锻炼了新中国自己的飞机设计队伍，积累了宝贵的飞机设计经验。

1958 年 7 月 30 日，在沈阳飞机厂飞机场同歼教 1 飞机的合影（左一陆孝彭、左二叶正大、左三徐舜寿、左四王汇青、右三程不时、右二顾诵芬、右一汪子兴）

（二）精心布局，实现初教 6 卓越性能

在完成歼教 1 气动力设计以后，顾诵芬还参与了初教 6、东风 104、东风 113 等多项重大任务的气动布局设计、研究。

1956 年 12 月 22 日，中共中央同意《1956–1967 年科学技术发展远景规划纲要（修正草案）》（简称《十二年科技规划》）作为试行方案付诸实施。《十二年科技规划》及其附件，提出了国家建设所需要的 57 项重要科学技术任务和 616 个中心问题，以及各门学科的发展方向。《十二年科技规划》中把发展和掌握喷气技术同发展原子弹、自动化、计算技术、半导体等并列为五大措施，以求 12 年内迎头赶上世界先进科学技术水平。该文件同时要求在航空工业、无线电工业基础上，集中一切力量优先发展导弹。

1957 年 8 月 5 日，徐舜寿向航空工业局提交《请示飞机设计室第二设计任务方案的报告》，航空工业局下达设计任务，决定由飞机设计室设计一种全金属前三点式起落架、采用螺旋桨发动机的初级教练机，以代替当时我国仿制的、已落后的雅克 –18 初级教练机。飞机定名为初教 1，代号 102，后改称为红专 502、最后定名初教 6。1957 年 10 月—1958 年 10 月，顾诵芬担任空气动力组组长，完成了初教 6 飞机的气动设计。

顾诵芬负责初教 6 的气动设计，研究并解决了螺旋桨对飞机安定度影响的问题。他抓住了初级教练机应具有良好的失速尾旋特征的要求，做了多种方案选择和计算分析工作，从中优选出具有良好失速特性的机翼布局形式，精心选取了合适的展弦比、后掠角及相对面积比，采用适当前后错置的布局，使该机在大迎角下具有良好的操纵性和稳定性。

初教 6 飞机的气动设计是顾诵芬在完成歼教 1 气动设计以后的又一次成功，也是他在飞机气动设计方面走向成熟的标志。在为数不多的中国优秀飞机设计师团队中，他当之无愧地成为飞机气动设计方面的第一人。

初教 6（“红专 502”）（左）
顾诵芬（后排左二）与设计室同志及苏联专家在初教 6 木质样机前合影（右）

（三）自强不息，创建属于中国人的气动力设计方法

1958 年 6 月，顾诵芬协助徐舜寿进行高速风洞设计，用一个晚上的时间画出风洞布置图，方案得到航空工业局局党组同意，风洞试验室随即在沈阳国营松陵机械厂开始筹备，后建成一支使用至今的 AT-1 风洞。

1958 年 8 月—1959 年 10 月，顾诵芬担任空气动力组组长参加东风 107 设计。为解决东风 107 翼身干扰、机翼后掠角、展弦比确定等技术难题，委托中国科学院计算所计算技术培训班（北大徐献瑜教授主持，70 多人参加）进行相关数据的计算，计算需要三个月时间。期间由于设计进度急需，顾诵芬参考陈士橹（中国航天事业开拓者和奠基人）带来的曲线图和美国 NACA（美国国家航空航天局 NASA 的前身）的 TR1307 报告，估算得出小展弦比宽机身机翼组合体的超声速干扰气动力数据，详细计算结果出来后，与 70 多名科研人员计算得到的详细计算结果基本一致。

1959 年 12 月—1961 年 8 月，顾诵芬担任空气动力组组长参加东风 113 设计，写成气动力布局总结。

（四）此阶段顾诵芬获奖情况

由于工作兢兢业业，顾诵芬于 1954 年被评为航空工业局先进生产者，1956 年被评为建设社会主义积极分子。

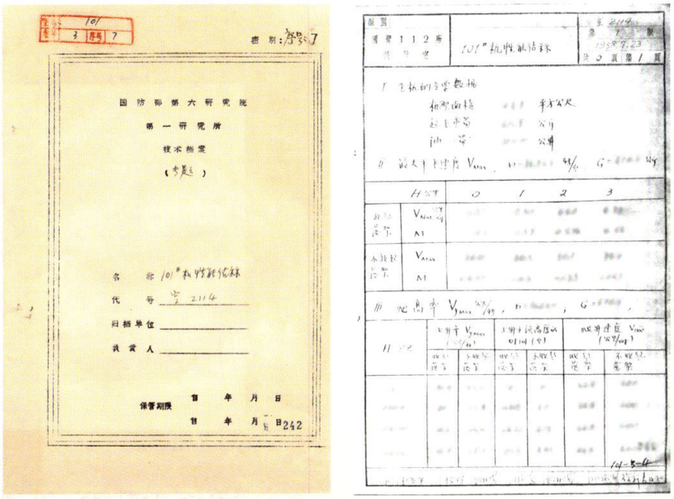
国防部第六研究院
第一研究所
技术档案
（专题）
名　　称　101[#]机性能估算
代　　号　空 2114
归档单位
负责人
保管期限　自　年　月　日
　　　　　自　年　月　日

101[#]机性能估算

顾诵芬（校对）、徐舜寿（主任设计师）在《101 号机性能估算》上的签名

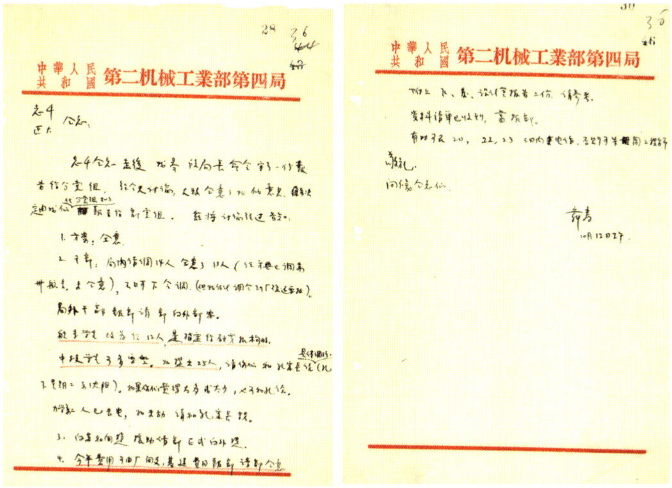
中华人民共和国　第二机械工业部第四局

中华人民共和国　第二机械工业部第四局

徐舜寿写给黄志千、叶正大的函

第三部分

韶华逐梦　只争朝夕　震苍穹还望四海

第三机
您好

一、脚踏实地 志在蓝天翱翔

1960 年 12 月 27 日，中国共产党中央军事委员会下达《关于组建航空、舰艇、军事无线电电子学等三个研究院的通知》（（60）032 号，以下简称《通知》）。《通知》指出：“为集中有关方面科学研究力量，加速发展我国国防科学技术研究工作，增强我国武装力量的威力，中央已于 12 月 20 日批准，以第三机械工业部和第一机械工业部的有关研究机构与海军、空军、通信兵部的有关研究机构组成中国航空研究院、舰艇研究院和军事无线电电子学研究院。”

《通知》规定，中国航空研究院的番号为中华人民共和国国防部（简称国防部）第六研究院，隶属国防部建制，在国防科学技术委员会领导下进行各项工作。

经过紧张的筹备工作，1961 年 6 月 30 日，北京东交民巷空军招待所召开了国防部第六研究院（简称六院）正式成立大会，贺龙、罗荣桓、聂荣臻、刘亚楼到会接见全体与会人员。六院成立后，组建了院部领导机关、11 个研究所和 1 个工厂，其中包含沈阳飞机设计研究所，顾诵芬担任沈阳飞机设计研究所设计工程师。

六院成立大会合影（局部）

1961年2月，苏联政府表示愿意向中国提供米格-21歼击机的制造权。米格-21歼击机是当时世界上最先进的新型歼击机之一，如果苏联政府真有诚意将它的制造权转让给我们，对我国航空工业无疑是一次转机，不但可以解决空军后继机种告急的问题，同时也可让我们的飞机设计、制造部门在吃透米格-21歼击机的基础上，设计制造我们自己的新型歼击机。按照中央的决定，1962年5月，六院和第三机械部第四局下达了《关于共同组织米格-21飞机技术摸底，为仿制及进一步自行设计做好准备的联合指示》。在所长刘鸿志，副所长徐舜寿、叶正大，总设计师黄志千等的领导下，摸透米格-21成为沈阳飞机设计研究所建所后的第一项重大任务。

顾诵芬（中左四）与一所气动室同事合影（左上）
顾诵芬（前左二）与一所气动室同事合影（左下）

除了安排一部分人搞超声速喷气教练机和歼教5飞机外，顾诵芬等一批技术人员开始消化米格–21的资料。在摸透米格–21的工作中，顾诵芬负责气动布局的摸透与研究，工作包括进行气动导数分析及操纵安定性分析，并将分析结果写成各种计算及试验报告。

1963年7月，顾诵芬在六院技术报告会上作了《摸透62式飞机的气动力工作》的总结报告。这份报告被编入六院《1963年技术报告会报告选编之二》，成为中国飞机设计史上极具影响力的第一份在超声速飞机气动设计方面堪称规范和标准的技术文献。

1962年，沈阳飞机设计研究所首届技术委员会成立。技术委员会由15人组成，徐舜寿任主任；叶正大、黄志千任副主任；委员由各室领导和技术骨干担任，顾诵芬担任委员。

1963年，顾诵芬成为钱学森担任组长的中国人民解放军国防科学技术委员会（简

话，并邀请了高等院校部分知名教授参加．六院各所在会上总结了各自领域内的摸透成果与经验，宣读了他们的论文．这些论文的内容包括：飞机、发动机、特设、材料和工艺等方面的综合性报告，以及专题性报告．现摘引十篇重要技术报告的目录与作者姓名于下：

一、62式飞机设计中的主要技术问题和研究计划

一所　副所长：徐舜寿
　　　总设计师：黄志千
　　　工程师：沈尔康
　　　副总设计师：蒋成英

二、815发动机设计特点和设计思想初步分析

二所副所长：吴大观

三、62式机所用材料综合分析

六所　副所长：魏祖冶
　　　技术员：陈野萍

四、62式飞机工艺技术方面摸底汇报

九所副总工程师：徐培林

五、62式飞机特种设备综合技术报告

三〇所副总设计师：周　俊

六、摸透62式飞机的气动力工作

一所二室：顾诵芬

七、摸透62式飞机中的空气弹性分析

一所二室气动弹性组组长：管　德

八、62式飞机弹射救生装置的特点及今后研究的初步计划

一所九室副主任：肖　声

国防部第六研究院1963年技术报告会

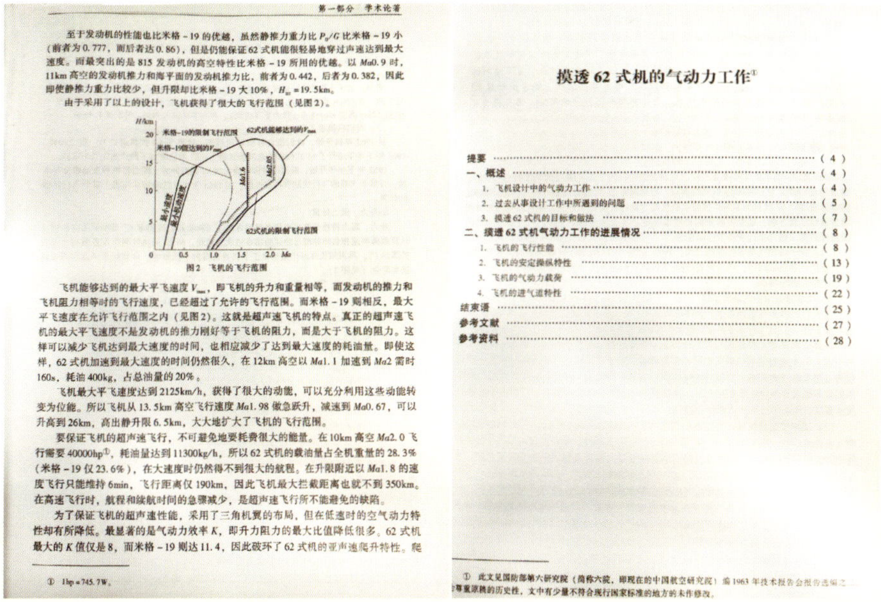
第一部分　学术论著

至于发动机的性能也比米格–19的优越，虽然静推力重力比P_0/G比米格–19小（前者为0.777，而后者达0.86），但是仍能保证62式机能很轻易地穿过声速达到最大速度。而最突出的是815发动机的高空特性比米格–19所用的优越。以Ma0.9时，11km高空的发动机推力和海平面的发动机推力比，前者为0.442，后者为0.382，因此即使静推力重力比较少，但升限却比米格–19大10%，H_{st}=19.5km。

由于采用了以上的设计，飞机获得了很大的飞行范围（见图2）。

图2　飞机的飞行范围

飞机能够达到的最大平飞速度V_{max}，即飞机的升力和重量相等，而发动机的推力和飞机阻力相等时的飞行速度，已经超过了允许的飞行范围。而米格–19则相反，最大平飞速度在允许飞行范围之内（见图2）。这就是超声速飞机的特点。真正的超声速飞机的最大平飞速度不是发动机的推力刚好等于飞机的阻力，而是大于飞机的阻力。这样可以减少飞机达到最大速度的时间，也相应减少了达到最大速度的耗油量。即使这样，62式机加速到最大速度的时间仍然很久，在12km高空以Ma1.1加速到Ma2需时160s，耗油400kg，占总油量的20%。

飞机最大平飞速度达到2125km/h，获得了很大的动能，可以充分利用这些动能转变为位能。所以飞机从13.5km高空飞行速度Ma1.98做急跃升，减速到Ma0.67，可以升高到26km，高出静升限6.5km，大大地扩大了飞机的飞行范围。

要保证飞机的超声速飞行，不可避免地要耗费很大的能量。在10km高空Ma2.0飞行需要40000hp①，耗油量达到11300kg/h，所以62式机的载油量占全机重量的28.3%（米格–19仅23.6%），在大速度时仍然得不到很大的航程。在升限附近以Ma1.8的速度飞行只能维持6min，飞行距离仅190km，因此飞机最大拦截距离也就不到350km。在高速飞行时，航程和续航时间的急骤减少，是超声速飞行所不能避免的缺陷。

为了保证飞机的超声速性能，采用了三角机翼的布局，但在低速时的空气动力特性却有所降低。最显著的是气动力效率K，即升力阻力的最大比值降低很多。62式机最大的K值仅是8，而米格–19则达11.4，因此破坏了62式机的亚声速爬

① 1hp=745.7W。

摸透62式机的气动力工作①

① 此文见国防部第六研究院（简称六院，即现在的中国航空研究院）编1963年技术报告会报告选编之……尊重原稿的历史性，文中有少量不符合现行国家标准的地方均未作修改。

摸透62式机的气动力工作报告

称国防科委）第十六专业组（空气动力专业组）成员。

1964年1月，顾诵芬被授予少校军衔（1964年1月15日，中华人民共和国国防部授予齐克刚等8名军官少校军衔（64）政科卫字第011号）。6月，顾诵芬任沈阳飞机设计研究所副总设计师（（64）所政干字第1/74号、六院（64）政干任字第1017号）。

1964年1月15日，佩戴少校军衔的顾诵芬

（一）忧国奉公，打造歼8利剑

20世纪60年代，为应对复杂的周边局势，空军急需一种高空高速歼击机，为此，六院一所开始自行研制我国第一种高空、高速歼击机——歼8飞机。顾诵芬作为副总设计师负责歼8飞机的气动布局设计。1964年，国家正式批准研制歼8高空高速歼击机研制项目。1965年4月，国务院国防工业办公室（简称国防工办）主持召开歼8设计方案审定会，经过讨论研究，同意“双发”设计方案。1965年5月17日，经中央军委批准，歼8飞机开始研制（（79）航定字第98号）。1965年，原六院一所总设计师黄志千同志因飞机失事不幸遇难后，顾诵芬参加并和其他同志领导了歼8飞机的

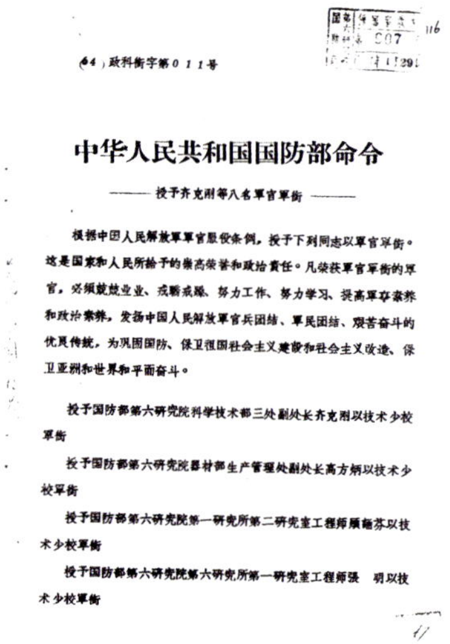

（64）政科衛字第011号

中华人民共和国国防部命令

——授予齐克刚等八名軍官軍銜——

根据中国人民解放軍軍官服役条例，授予下列同志以軍官軍銜。这是国家和人民所給予的崇高荣誉和政治責任。凡荣获軍官軍銜的軍官，必須兢兢业业、戒骄戒躁、努力工作、努力学习、提高軍[illegible]素养和政治素养，发扬中国人民解放軍官兵团结、軍民团结、艰苦奋斗的优良传統，为巩固国防、保卫祖国社会主义建設和社会主义改造、保卫亚洲和世界和平而奋斗。

授予国防部第六研究院科学技术部三处副处长齐克刚以技术少校軍銜

授予国防部第六研究院器材部生产管理处副处长高方炳以技术少校軍銜

授予国防部第六研究院第一研究所第二研究室工程师顾诵芬以技术少校軍銜

授予国防部第六研究院第六研究所第一研究室工程师張　明以技术少校軍銜

顾诵芬被授予少校军衔文件

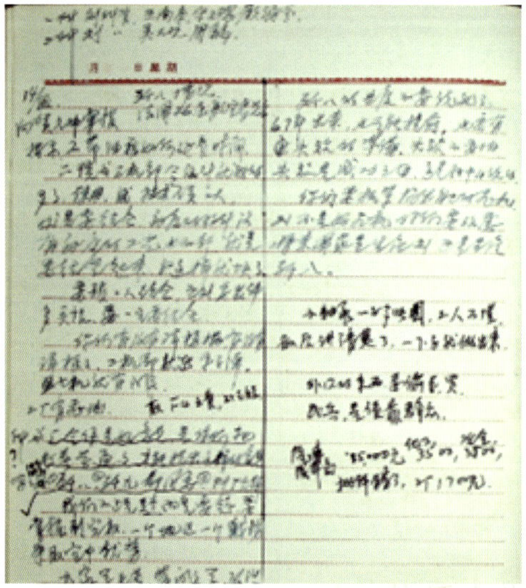

1965年8月14日吴大观笔记，其中记录了顾诵芬向贺龙汇报歼8飞机研制情况

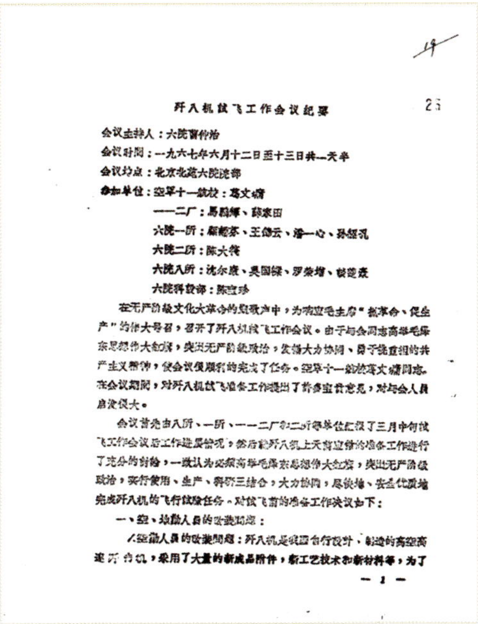
19

25

歼八机试飞工作会议纪要

会议主持人：六院曹传治

会议时间：一九六七年六月十二日至十三日共一天半

会议地点：北京北苑六院院部

参加单位：空军十一航校：葛文镛

一一二厂：马鹤辉、薛家田

六院一所：顾诵芬、王德云、潘一心、孙绍孔

六院二所：陈大伟

六院八所：沈尔康、吴国梁、罗荣增、钱建森

六院科技部：陈宜珍

在无产阶级文化大革命的凯歌声中，为响应毛主席"抓革命、促生产"的伟大号召，召开了歼八机试飞工作会议。由于与会同志高举毛泽东思想伟大红旗，突出无产阶级政治，发扬大力协同、团结战斗的共产主义精神，使会议很顺利的完成了任务。空军十一航校葛文镛同志，在会议期间，对歼八机试飞准备工作提出了许多宝贵意见，对与会人员启发很大。

会议首先由八所、一所、一一二厂和二所等单位汇报了三月中旬试飞工作会议后工作进展情况，然后就歼八机上天前应做的准备工作进行了充分的讨论，一致认为要紧高举毛泽东思想伟大红旗，突出无产阶级政治，实行使用、生产、科研三结合，大力协同，尽快地、安全优质地完成歼八机的飞行试验任务。对试飞前的准备工作决议如下：

一、空、地勤人员的改装问题：

1.空勤人员的改装问题：歼八机是我国自行设计、制造的高空高速歼击机，采用了大量的新成品附件，新工艺技术和新材料等，为了

— 1 —

歼 8 飞机试飞工作会议纪要

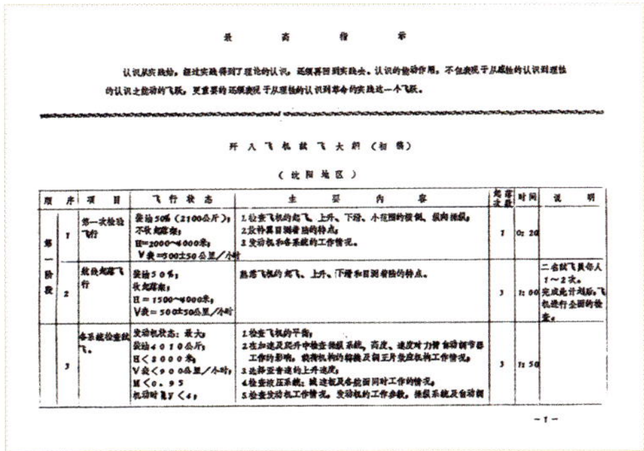
最高指示

认识从实践始，经过实践得到了理论的认识，还须再回到实践去。认识的能动作用，不但表现于从感性的认识到理性的认识之能动的飞跃，更重要的还须表现于从理性的认识到革命的实践这一个飞跃。

歼八飞机试飞大纲（初稿）

（沈阳地区）

顺	序	项目	飞行状态	主要内容	起落次数	时间	说明
第一阶段	1	第一次检验飞行	装油50%（2100公斤）；不收起落架；H=2000~4000米；V表=500±50公里/小时	1.检查飞机的起飞、上升、下滑、小范围的操纵、纵向操纵。2.熟悉目测着陆的特点。3.发动机和各系统的工作情况。	1	0:20	
	2	收放起落飞行	装油50%；收起落架；H=1500~4000米；V表=500±50公里/小时	熟悉飞机的起飞、上升、下滑和目测着陆的特点。	3	1:00	二名试飞员每人1~2次。完成此计划后，飞机进行全面的检查。
	3	各系统检查试飞。	发动机状态：最大；装油4010公斤；H<8000米；V表<900公里/小时；M<0.95；机动时 n_y<4；	1.检查飞机的平衡；2.在加速及爬升中检查操纵系统，高度、速度对力臂自动调节器工作的影响，载荷机构的传输及调整片效应机构工作情况。3.选择经济速的上升速度；4.检查液压系统：减速板及各舵面同时工作的情况。5.检查发动机工作情况，发动机的工作参数，操纵系统及自动调	3	1:50	

—1—

歼 8 飞机试飞大纲（初稿）

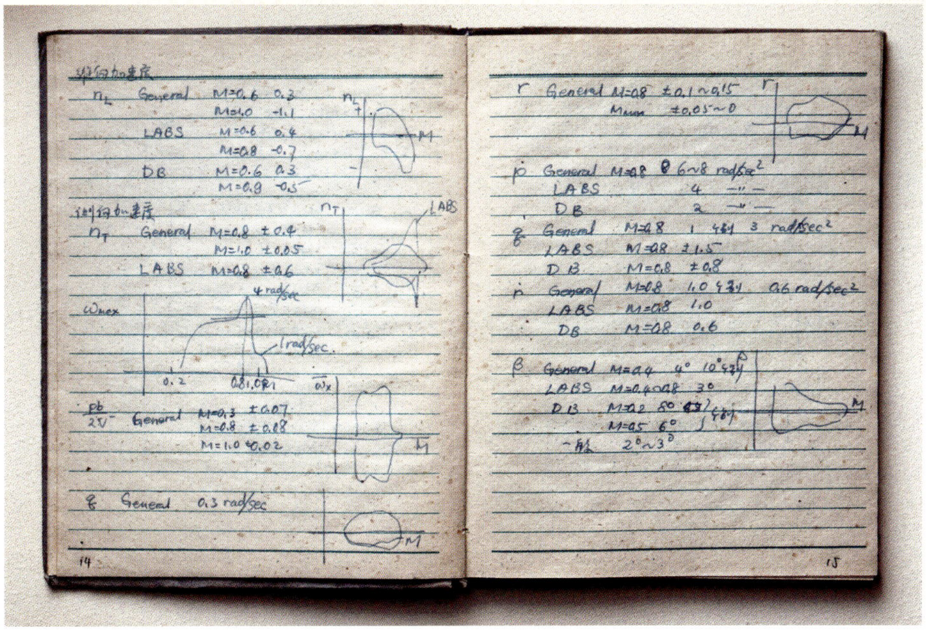

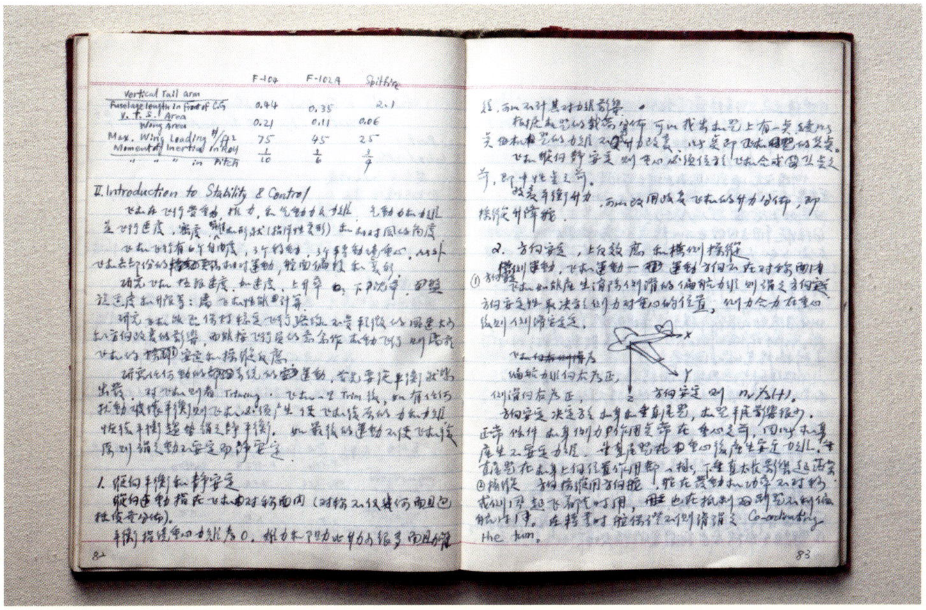

顾诵芬参与主持研制歼 8 飞机设计时的技术笔记

1969 年 7 月 5 日，歼 8 飞机实现首飞

歼 8 飞机首飞返回

顾诵芬（右）与歼 8 飞机试飞员鹿鸣东

顾诵芬乘歼教 6 飞机升空进行歼 8 故障调研

气动力设计。1965 年 7 月，顾诵芬与刘鸿志等一起受到贺龙元帅接见。

“文革”期间，顾诵芬坚持住在国营松陵机械厂，工作在歼 8 研制第一线。1968 年 3 月 27 日，国防工办、国防科委批准成立由空军、中华人民共和国第三机械工业部（简称第三机械工业部）、六院领导组成的歼 8 飞机试飞领导小组。1969 年 7 月 5 日，歼 8 飞机实现首飞。从 1972 年起，顾诵芬开始全面负责歼 8 飞机的研制。为解决歼 8 飞机在跨声速、超声速飞行时出现的抖振问题，在地面试验条件无法确定振动原因的情况下，顾诵芬三次搭乘试飞员鹿鸣东驾驶的歼教 6 飞机上天观察歼 8 后机身流场。在世界现代飞机研制历史上，这是极为罕见的壮举。1979 年 8 月 8 日上午，国务院副总理王震到松陵机械公司（现简称航空工业沈飞）检查工作，并观看了歼 8 飞机飞行表演。由鹿鸣东驾驶 04 架机作飞行表演，共飞行 17 分钟。表演后王震副总理到飞机上观看了座舱，并向飞行员了解了飞机情况。

1976 年 8 月，根据第三机械工业部《关于对歼 8 飞机实现全面技术改装可能性论证的通知》，顾诵芬组织沈阳飞机设计研究所提出歼 8 飞机大改方案。

1979 年 12 月 22 日，航空产品定型委员会派出设计定型技术鉴定小组到沈阳对歼 8 飞机进行技术鉴定，航定委主要成员也于 1979 年 12 月 29 日到现场进行调查研究，听取技术鉴定小组、厂、所及试飞员汇报，同意歼 8 白天型飞机设计定型（（79）航定字第 98 号）。

1979 年 12 月 30 日，歼 8 白天型飞机设计定型资料审查完成后在沈阳飞机设计研究所资料展室合影（左起：顾诵芬、钟敏昭、管德、邱宗麟）

1979 年 12 月 31 日，顾诵芬在歼 8 白天型飞机设计定型大会上做报告

1980 年 3 月 2 日，国务院中央军委常规军工产品定型委员会印发批复《同意歼八（白天型）飞机设计定型》（（80）军定字第 04 号），1982 年 9 月歼 8 白天型开始小批量装备部队。1985 年 7 月，歼 8 全天候型飞机设计定型。歼 8 白天型和歼 8 全天候型飞机研制成功是我国航空科研领域里的重大科技成果，实现了我国从第一代战机向第二代战机的自主跨越。1985 年 10 月，经国家科学技术进步奖评审委员会评定核准，授予国家级科技进步奖特等奖。获奖名单为：沈阳飞机设计研究所顾诵芬、王南寿、叶正大，松陵机械公司罗时大，沈阳发动机设计研究所（现简称中国航发动力所）方文富，驻厂试飞队鹿鸣东，雷华电子技术研究所（现简称航空工业雷达所）朱克昕……

歼 8 飞机是我国第一型自主研制的超声速歼击机，结束了我国歼击机完全依赖引进仿制的历史。在研制过程中，从设计、计算到试验、试飞的每个环节，顾诵芬都积极参加，悉心指导，解决了许多技术关键难题，建立起了超声速战斗机的气动力设计方法，保证了歼 8 的飞行性能和操稳品质全面达到指标要求。

顾诵芬为新中国飞机设计事业创建了属于中国人的气动力设计方法，奠定了我国自行设计先进战斗机关键的技术基础。

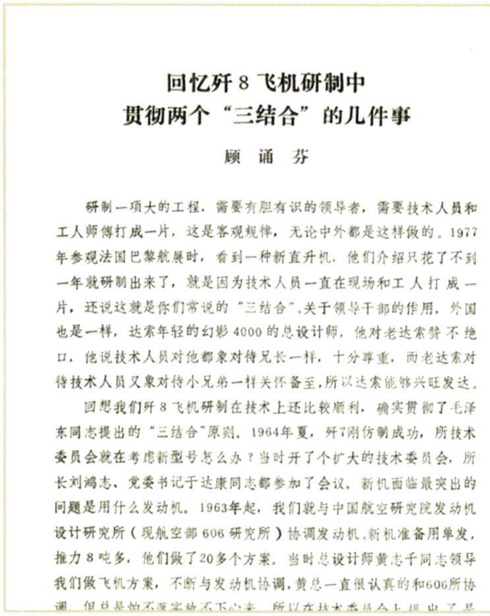

回忆歼 8 飞机研制中
贯彻两个“三结合”的几件事

顾 诵 芬

研制一项大的工程，需要有胆有识的领导者，需要技术人员和工人师傅打成一片，这是客观规律，无论中外都是这样做的。1977年参观法国巴黎航展时，看到一种新直升机，他们介绍只花了不到一年就研制出来了，就是因为技术人员一直在现场和工人打成一片，还说这就是你们常说的“三结合”.关于领导干部的作用，外国也是一样，达索年轻的幻影 4000 的总设计师，他对老达索赞不绝口，他说技术人员对他都象对待兄长一样，十分尊重，而老达索对待技术人员又象对待小兄弟一样关怀备至，所以达索能够兴旺发达。

回想我们歼 8 飞机研制在技术上还比较顺利，确实贯彻了毛泽东同志提出的“三结合”原则。1964年夏，歼7刚仿制成功，所技术委员会就在考虑新型号怎么办？当时开了个扩大的技术委员会，所长刘鸿志、党委书记于达康同志都参加了会议。新机面临最突出的问题是用什么发动机。1963年起，我们就与中国航空研究院发动机设计研究所（现航空部 606 研究所）协调发动机.新机准备用单发，推力 8 吨多，他们做了20多个方案。当时总设计师黄志千同志领导我们做飞机方案，不断与发动机协调，黄总一直很认真的和606所协

回忆歼 8 飞机研制中贯彻两个“三结合”的几件事

（二）此阶段顾诵芬任职情况

1978 年 10 月 12 日，顾诵芬任沈阳飞机设计研究所副所长兼总设计师（沈组发【1978】406 号）；1979 年 8 月 5 日，任松陵机械公司（现简称航空工业沈飞）副总工程师兼沈阳飞机设计研究所副所长、总设计师（党发（79）2 号）；1982 年 8 月 24 日，任松陵机械公司总设计师（航干任【1982】1282 号）；1982 年 12 月 30 日，任沈阳飞机设计研究所第四届委员会委员（党发（82）106 号）；1983 年 4 月 29 日，任松陵机械公司科学技术委员会第一届委员会副主任（松技字（83）309 号）；1984 年 8 月 21 日，任沈阳飞机设计研究所所长、总设计师（中共航空工业部党组党任【1984】127 号）。

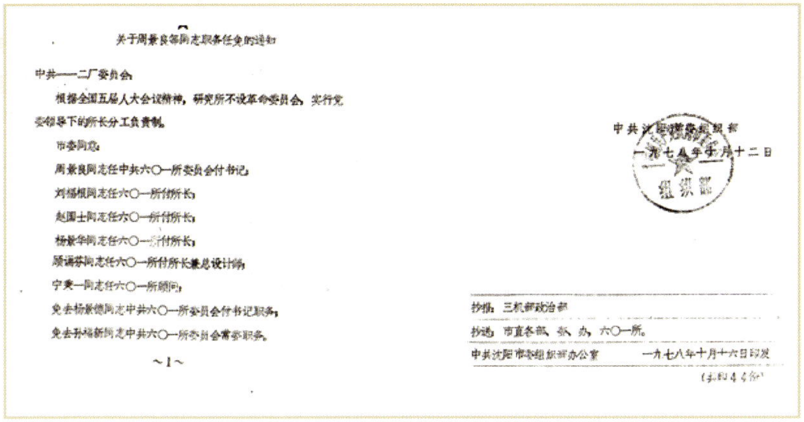

关于周景良等同志职务任免的通知

中共一一二厂委员会：

根据全国五届人大会议精神，研究所不设革命委员会，实行党委领导下的所长分工负责制。

市委同意：

周景良同志任中共六〇一所委员会付书记；

刘福根同志任六〇一所付所长；

赵国士同志任六〇一所付所长；

杨景华同志任六〇一所付所长；

顾诵芬同志任六〇一所付所长兼总设计师；

宁秉一同志任六〇一所顾问；

免去杨景德同志中共六〇一所委员会付书记职务；

免去孙瑞新同志中共六〇一所委员会常委职务。

～1～

中共沈阳市委组织部
一九七八年十月十二日

抄报：三机部政治部

抄送：市直各部、委、办，六〇一所。

中共沈阳市委组织部办公室　　一九七八年十月十六日印发

（共印44份）

1978 年，顾诵芬任沈阳飞机设计研究所副所长兼总设计师文件

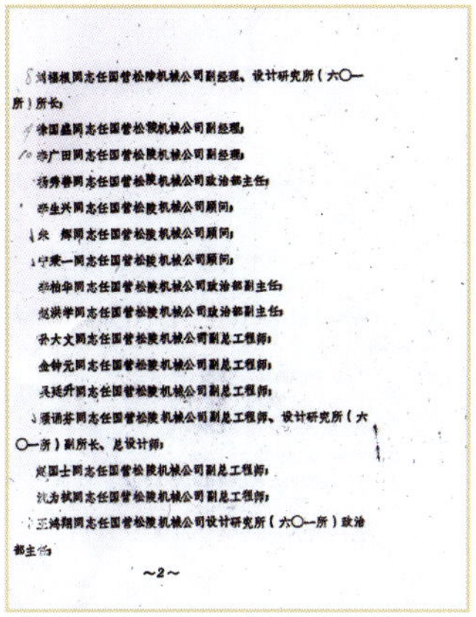

刘福根同志任国营松陵机械公司副经理、设计研究所（六〇一所）所长；

徐国盛同志任国营松陵机械公司副经理；

李广田同志任国营松陵机械公司副经理；

杨秀春同志任国营松陵机械公司政治部主任；

李生兴同志任国营松陵机械公司顾问；

朱　辉同志任国营松陵机械公司顾问；

宁秉一同志任国营松陵机械公司顾问；

李柏华同志任国营松陵机械公司政治部副主任；

赵洪学同志任国营松陵机械公司政治部副主任；

孙大文同志任国营松陵机械公司副总工程师；

金钟元同志任国营松陵机械公司副总工程师；

吴廷升同志任国营松陵机械公司副总工程师；

顾诵芬同志任国营松陵机械公司副总工程师、设计研究所（六〇一所）副所长、总设计师；

赵国士同志任国营松陵机械公司副总工程师；

沈为斌同志任国营松陵机械公司副总工程师；

王鸿翔同志任国营松陵机械公司设计研究所（六〇一所）政治部主任；

～2～

1979 年，顾诵芬任国营松陵机械公司副总工程师、沈阳飞机设计研究所副所长、总设计师文件

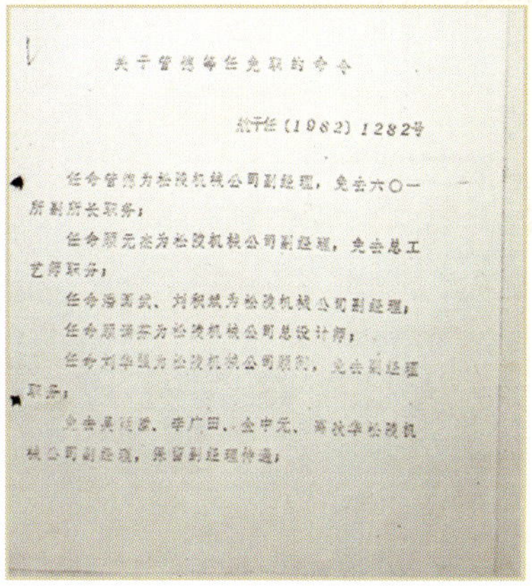

关于管德等任免职的命令

航干任（1982）1282号

任命管德为松陵机械公司副经理，免去六〇一所副所长职务；

任命顾元杰为松陵机械公司副经理，免去总工艺师职务；

任命潘国武、刘积斌为松陵机械公司副经理；

任命顾诵芬为松陵机械公司总设计师；

任命刘华銮为松陵机械公司顾问，免去副经理职务；

免去吴廷升、李广田、金中元、蒋枝华松陵机械公司副经理，保留副经理待遇；

1982 年，顾诵芬任国营松陵机械公司总设计师文件

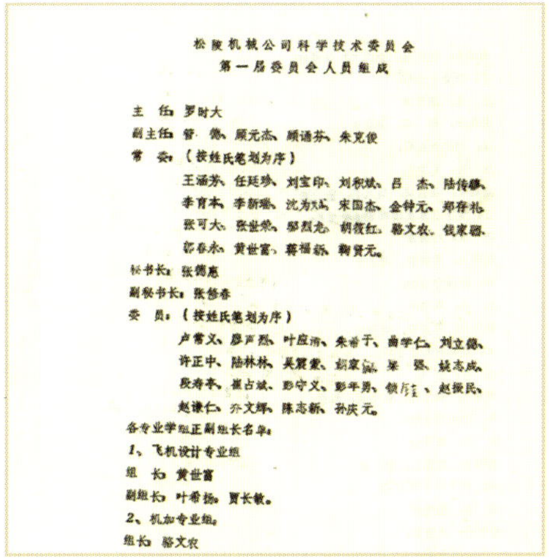

松陵机械公司科学技术委员会
第一届委员会人员组成

主　任：罗时大

副主任：管　德、顾元杰、顾诵芬、朱克俊

常　委：（按姓氏笔划为序）

王涵芬、任廷珍、刘宝印、刘积斌、吕　杰、陆传祿、李育本、李新瑞、沈为斌、宋国杰、金钟元、郑存礼、张可大、张世荣、邹烈龙、胡筱红、蔡文农、钱家禄、郭春永、黄世富、蒋福禄、鞠贤元。

秘书长：张德惠

副秘书长：张修春

委　员：（按姓氏笔划为序）

卢常义、廖声烈、叶应雨、朱尚于、曲学仁、刘立缘、许正中、陆林林、吴翼豪、胡家[illegible]、梁　强、姚志成、段寿本、崔占斌、彭守义、彭平勇、赖[illegible]、赵振民、赵谦仁、乔文辉、陈志新、孙庆元。

各专业学组正副组长名单：

1、飞机设计专业组

组　长：黄世富

副组长：叶希扬、贾长敏。

2、机加专业组。

组长：蔡文农

1983 年，顾诵芬任松陵机械公司科学技术委员会第一届委员会副主任文件

二、奋发有为 勇攀科学高峰

20 世纪 80 年代，国际形势发生重大变化，出于国家安全的迫切需要，空军提出对歼 8 机进行大的改型、改进。1980 年 9 月，总参谋部、国防工办正式下达了歼 8 改进型（即歼 8 Ⅱ型）飞机的战术技术要求，并且要求力争在“六五”期间定型。

（一）钻坚仰高，开启新机研制先河

1981 年 5 月，第三机械工业部向国防工办上报《关于顾诵芬同志任歼 8 Ⅰ型飞机型号总设计师的请示》。1981 年 6 月，歼 8 Ⅱ飞机通过了全尺寸木质样机审查，冻结了技术状态；1981 年 9—10 月，全面开展了生产图样设计；1983 年 3 月，发完全部飞机结构图样。

1981 年 11 月，顾诵芬参加第三机械工业部航史办成都会议，并做题为《研制歼 8 飞机的体会》的讲话。

经过顾诵芬等科技人员的不懈努力，歼 8 Ⅱ飞机 01 架机终于在 1984 年 6 月 1—3 日先后完成了高、中、低速滑行，较原定计划提前了 3 个月。同年 6 月 9 日，航空工业部在沈阳召开了歼 8 Ⅱ飞机放飞评审会。空军副参谋长姚峻、航空工业部副部长何文治等出席了该会议，顾诵芬在会上做了《歼 8 Ⅱ型飞机设计工作报告》。经过评审，代表们一致同意放飞。根据评审的要求，何文治、顾诵芬、管德、王昂共同签署了同意放飞的意见。1984 年 6 月 12 日中午 11 时 30 分，歼 8 Ⅱ飞机 01 架机在松陵机械公司机场由试飞指挥员王昂指挥、飞行员曲学仁驾驶，成功实现首飞。

歼 8 Ⅱ飞机在进行方案论证时，顾诵芬按照国家的需要，考虑国外飞机发展情况，特别重视部队对飞机的意见，并参考米格 -23 飞机的布局，首先提出并果断决定，歼 8 Ⅱ飞机应该是歼 8 飞机的大改方案，从而为歼 8 Ⅱ飞机的研制打下了坚实的基础。从方案论证开始他紧抓重大技术关键问题，如两侧进气的进气道的确定、强度计算主要参数和载荷的确定等，保障了歼 8 Ⅱ飞机研制工作

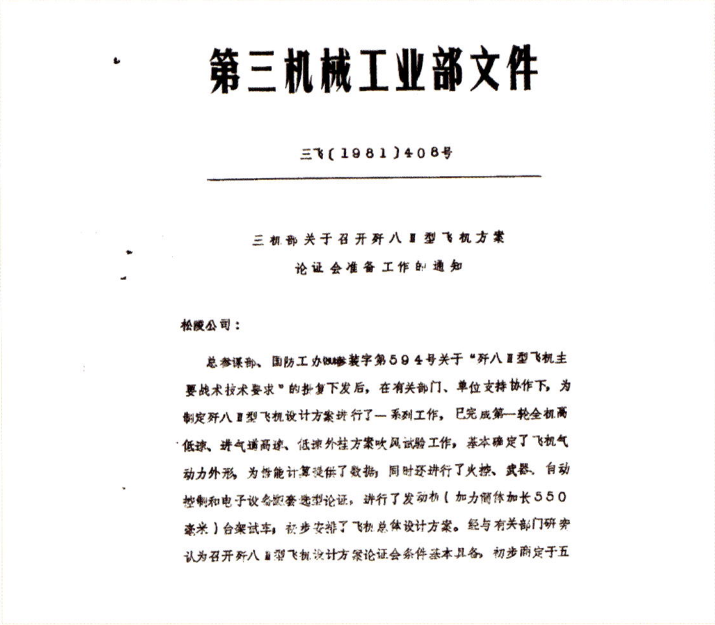

第三机械工业部文件

三飞(1981)408号

三机部关于召开歼八Ⅱ型飞机方案论证会准备工作的通知

松陵公司：

总参谋部、国防工办(81)参装字第594号关于"歼八Ⅱ型飞机主要战术技术要求"的批复下发后，在有关部门、单位支持协作下，为制定歼八Ⅱ型飞机设计方案进行了一系列工作，已完成第一轮全机高低速、进气道高速、低速外挂方案吹风试验工作，基本确定了飞机气动力外形，为性能计算提供了数据，同时还进行了火控、武器、自动控制和电子设备配套选型论证，进行了发动机（加力筒体加长550毫米）台架试车，初步安排了飞机总体设计方案。经与有关部门研究认为召开歼八Ⅱ型飞机设计方案论证会条件基本具备，初步商定于五

第三机械工业部关于召开歼 8 Ⅱ型飞机方案论证会准备工作的通知

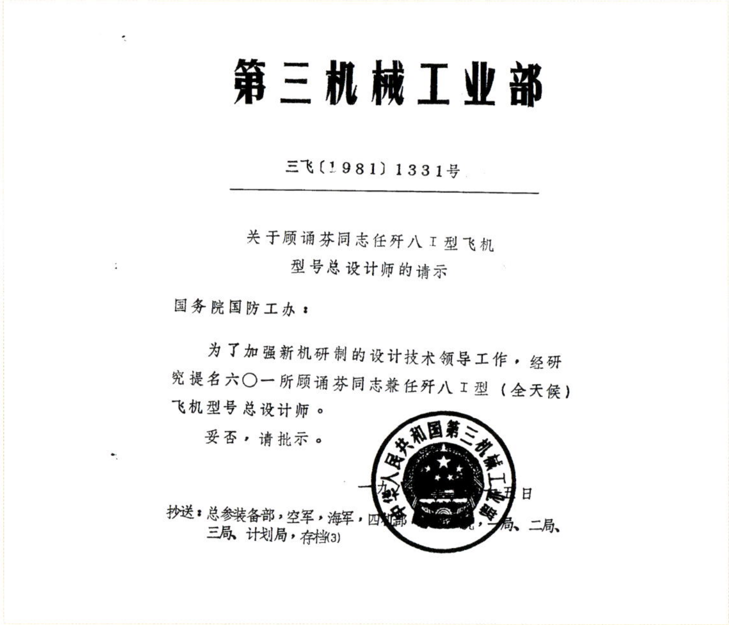

第三机械工业部

三飞〔1981〕1331号

关于顾诵芬同志任歼八Ⅰ型飞机型号总设计师的请示

国务院国防工办：

为了加强新机研制的设计技术领导工作，经研究提名六〇一所顾诵芬同志兼任歼八Ⅰ型（全天候）飞机型号总设计师。

妥否，请批示。

一九 … 日

抄送：总参装备部，空军，海军，四机部 … 一局、二局、三局、计划局，存档(3)

1981 年，提名顾诵芬任歼 8 Ⅰ型（全天候）飞机型号总设计师请示文件

顾诵芬（前排左一）与歼 8 Ⅱ木质样机审查会参会人员合影

的顺利进行；他第一个组织和领导歼 8 Ⅱ飞机研制的总设计师系统工作，亲自组建各分系统设计师并提名各分系统总师名单。在他主持下，制定了总设计师系统工作制度，定期召开总设计师系统工作会议，协调研制工作，从而保证新成品附件的研制工作顺利进行，为保证歼 8 Ⅱ飞机提前 18 天上天起到了重要作用。他还亲自抓新成品附件研制的经济包干工作，制定经济包干原则。

1988 年 3 月 11—15 日，航定办在沈阳组织召开了歼 8 Ⅱ型飞机设计定型技术鉴定会。鉴定组听取了《歼 8Ⅱ飞机设计工作总结》等报告，检查了有关的试验设备、生产设备，分组对全部研制工作进行了审查和评议。鉴定组意见：歼 8Ⅱ型飞机已经具备设计定型条件，建议航定委审议并呈报国务院、中央军委军工产品定型委员会批准歼 8 Ⅱ型飞机设计定型。

1988 年 3 月 18 日下午，在沈阳飞机制造公司（现简称航空工业沈飞）文化宫召开了新机设计定型大会。刘华清、曹里怀、李

歼 8 Ⅱ质量问题摘要（上左）

1983 年，歼 8 Ⅱ飞机试飞协调会期间与部分与会代表在北京远望楼合影（杨凤田（右一）、顾诵芬（右二）、管德（左二）、吴宏献（左一））（上右）

1983 年，顾诵芬（右一）陪同空军副司令员王定烈（右二）观看歼 8 Ⅱ样机，并向其汇报工作情况

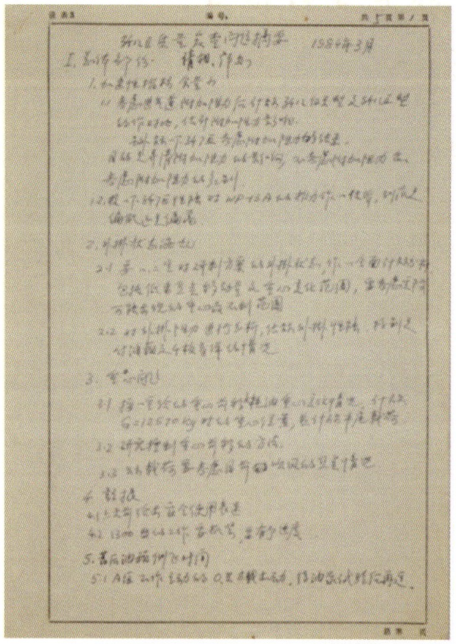

1984 年 6 月 9 日，歼 8 Ⅱ飞机放飞评审会上，首飞指挥员王昂、现场总指挥管德、飞机总设计师顾诵芬在国营松陵机械公司宾馆签署放飞意见书

（左起：王昂、管德、顾诵芬）

1984 年 6 月 12 日，歼 8 Ⅱ飞机首飞成功后，温俊峰、总设计师顾诵芬、飞行员曲学仁、首飞指挥员王昂、现场总指挥管德在国营松陵机械公司机场合影（左起：温俊峰、顾诵芬、曲学仁、王昂、管德）

1984 年 6 月 26 日，顾诵芬在歼 8 Ⅱ飞机首飞成功表彰大会上讲话

1984年6月12日，沈阳军区司令员李德生到沈阳飞机设计研究所视察，顾诵芬汇报飞机研制情况（左起：沈阳飞机设计研究所党委书记周景良、顾诵芬、李德生）

景、林宗棠、谢光、石宝源、莫文祥等领导同志出席。航定委主任、空军副司令员林虎宣布：同意报请国务院军工产品定型委员会审批。1988 年 10 月 15 日，国务院、中央军委军工产品定型委员会以（1988）军定字第 21 号文批复《同意歼 8 Ⅱ型飞机设计定型》。

1990 年 12 月 30 日，加装纵向数字式电传操纵系统的歼 8 Ⅱ飞机首飞成功。共试飞 46 个起落，完成验证任务。

1988 年 3 月 11 日，顾诵芬参加歼 8 Ⅱ飞机设计定型技术鉴定会（后排右六总设计师顾诵芬）

歼 8 Ⅱ飞机首飞成功。顾诵芬（右二）与试飞员曲学仁（中）、试飞指挥员王昂（右一）、歼 8 Ⅱ研制现场总指挥管德等在试飞现场

1984 年 6 月 12 日，歼 8 Ⅱ飞机实现首飞

1984 年 6 月 12 日，歼 8 Ⅱ飞机首飞后与机关、厂所、试飞大队合影留念（中排右五为顾诵芬）

1986 年 3 月 30 日，顾诵芬在沈阳飞机制造公司机场给空军副司令员曹里怀等领导汇报歼 8 Ⅱ飞机情况

1985 年 8 月，顾诵芬（后排左三）与空军检查组在阎良合影

歼8Ⅱ是当时我国自主研制的性能最好的飞机。2001年，歼8Ⅱ飞机荣获国家科学技术进步奖一等奖。

（二）此阶段顾诵芬任职、获奖等情况

1979年9月，顾诵芬当选为中国航空学会常务理事。1980年8月14日，沈阳飞机设计研究所根据国务院科技干部局《关于报送自然科学技术优秀拔尖人才的通知》精神，以技术人员的工作成就、技术水平、业务能力为依据，推荐顾诵芬、刘福根、李明、李天等28名同志为研究所技术优秀拔尖人才（（80）所组字第1/332号）。1980年9月，顾诵芬参加六院代表团赴美国对NASA进行回访，做学术报告《设计超声速高性能飞机的一些气动力问题》（原稿为英文）。

1983年，顾诵芬当选按照文革后新修订的《中华人民共和国宪法》（1982年12月完成修订颁布）选举产生的首届（第六届）全国人民代表大会辽宁省人大代表，获“五一劳动奖章”；1983年4月，被推荐为沈阳市劳动模范；11月，与管德联名提出《关于研制轻型歼击机的建议》；12月，撰写《歼

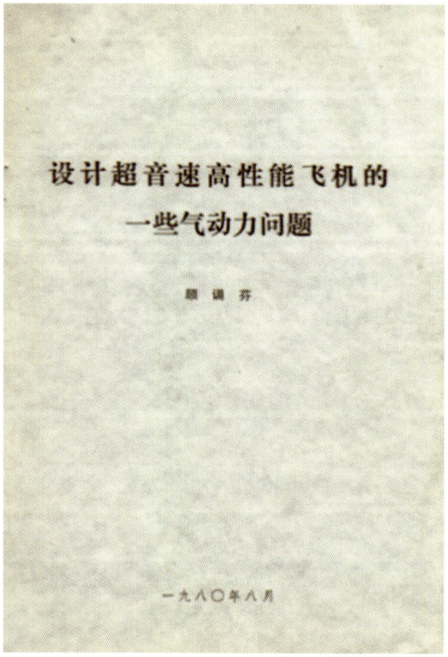

设计超音速高性能飞机的一些气动力问题

顾诵芬

一九八〇年八月

设计超声速高性能飞机的一些气动力问题报告

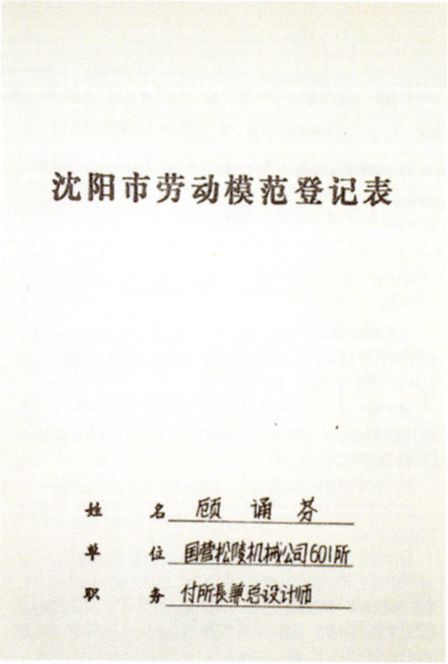

沈阳市劳动模范登记表

姓　名　顾诵芬

单　位　国营松陵机械公司601所

职　务　付所長兼总设计师

1983年4月12日，沈阳市劳动模范登记表

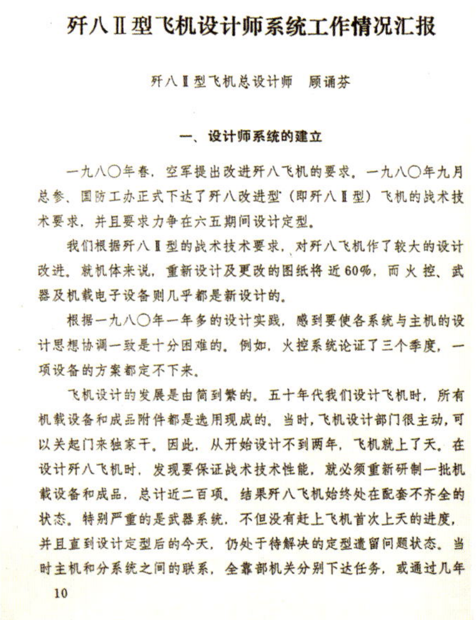

歼八Ⅱ型飞机设计师系统工作情况汇报

歼八Ⅱ型飞机总设计师　顾诵芬

一、设计师系统的建立

一九八〇年春，空军提出改进歼八飞机的要求。一九八〇年九月总参、国防工办正式下达了歼八改进型（即歼八Ⅱ型）飞机的战术技术要求，并且要求力争在六五期间设计定型。

我们根据歼八Ⅱ型的战术技术要求，对歼八飞机作了较大的设计改进。就机体来说，重新设计及更改的图纸将近60%，而火控、武器及机载电子设备则几乎都是新设计的。

根据一九八〇年一年多的设计实践，感到要使各系统与主机的设计思想协调一致是十分困难的。例如，火控系统论证了三个季度，一项设备的方案都定不下来。

飞机设计的发展是由简到繁的。五十年代我们设计飞机时，所有机载设备和成品附件都是选用现成的。当时，飞机设计部门很主动，可以关起门来独家干。因此，从开始设计不到两年，飞机就上了天。在设计歼八飞机时，发现要保证战术技术性能，就必须重新研制一批机载设备和成品，总计近二百项。结果歼八飞机始终处在配套不齐全的状态。特别严重的是武器系统，不但没有赶上飞机首次上天的进度，并且直到设计定型后的今天，仍处于待解决的定型遗留问题状态。当时主机和分系统之间的联系，全靠部机关分别下达任务，或通过几年

10

歼8Ⅱ型飞机设计师系列工作情况汇报

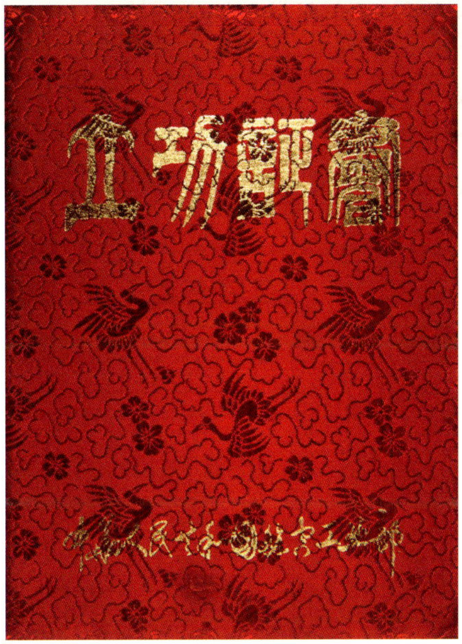

顾诵芬立功证书封面

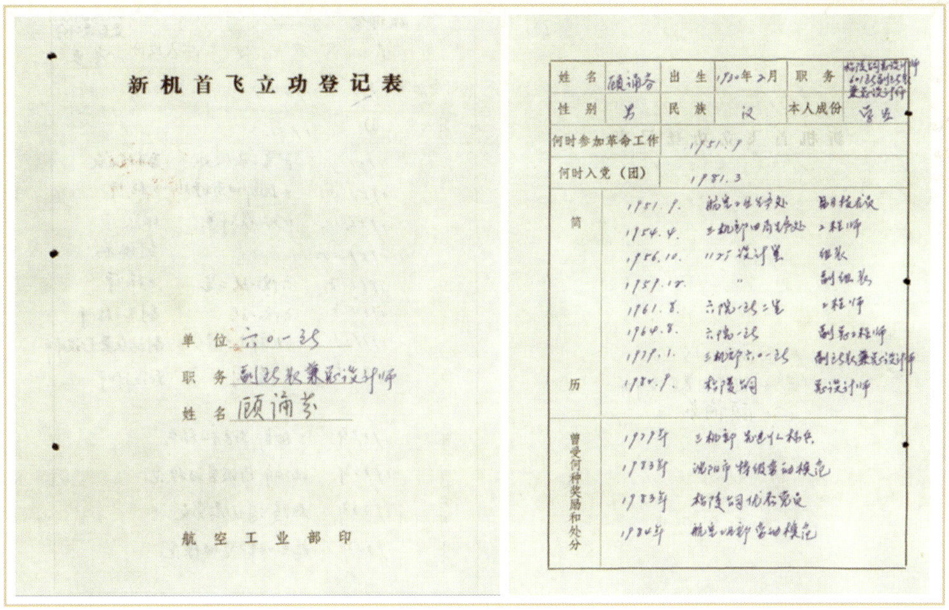

新机首飞立功登记表

单位 六〇一所
职务 副总兼总设计师
姓名 顾诵芬

航空工业部印

姓名	顾诵芬	出生	1930年2月	职务	松陵公司总设计师 601所副所长兼总设计师
性别	男	民族	汉	本人成份	学生
何时参加革命工作	1951.9				
何时入党（团）	1981.3				
简历	1951.9. 航空工业局设计处 [illegible] 1954.4. 二机部四局设计处 工程师 1956.10. 112厂设计室 组长 1957.10. " 副组长 1961.8. 六院一所二室 工程师 1964.8. 六院一所 副总工程师 1978.1. 三机部六〇一所 副所长兼总设计师 1980.9. 松陵公司 总设计师				
曾受何种奖励和处分	1978年 三机部 先进工作者 1983年 沈阳市 特级劳动模范 1983年 松陵公司 优秀党员 1984年 航空工业部 劳动模范				

顾诵芬立功登记表

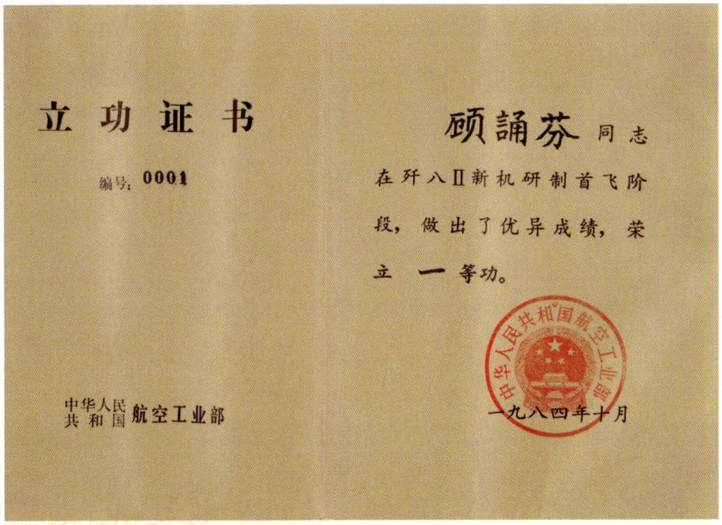

立 功 证 书

编号：0001

顾誦芬 同志

在歼八Ⅱ新机研制首飞阶段，做出了优异成绩，荣立 一 等功。

中华人民共和国航空工业部

一九八四年十月

顾诵芬荣获航空工业部一等功证书

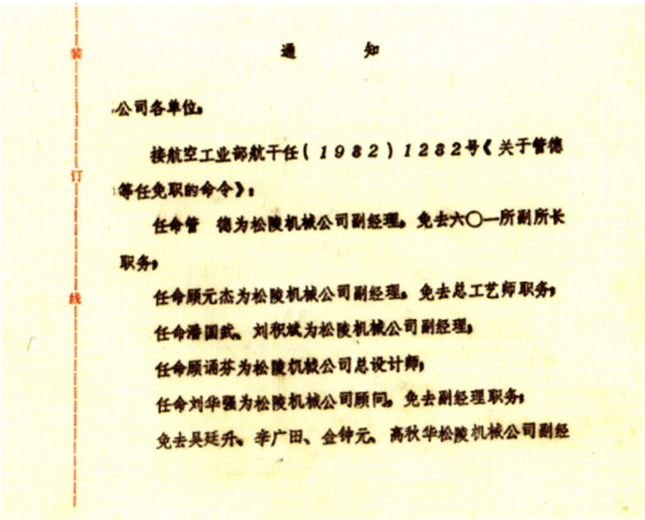

装 订 线

通 知

公司各单位：

接航空工业部航干任（1982）1282号《关于管德等任免职的命令》：

任命管 德为松陵机械公司副经理，免去六〇一所副所长职务；

任命顾元杰为松陵机械公司副经理，免去总工艺师职务；

任命潘国武、刘积斌为松陵机械公司副经理；

任命顾诵芬为松陵机械公司总设计师；

任命刘华强为松陵机械公司顾问，免去副经理职务；

免去吴延升、李广田、金钟元、高秋华松陵机械公司副经

顾诵芬任松陵机械公司总设计师文件

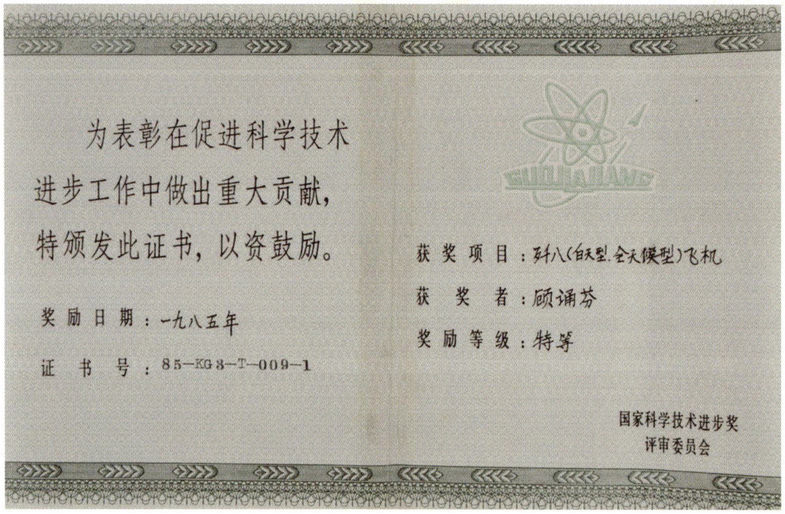

为表彰在促进科学技术进步工作中做出重大贡献，特颁发此证书，以资鼓励。

奖励日期：一九八五年

证书号：85-KG3-T-009-1

获奖项目：歼八（白天型、全天候型）飞机

获奖者：顾诵芬

奖励等级：特等

国家科学技术进步奖
评审委员会

顾诵芬荣获国家科学技术进步特等奖证书

顾诵芬“国家科学技术进步特等奖”奖章

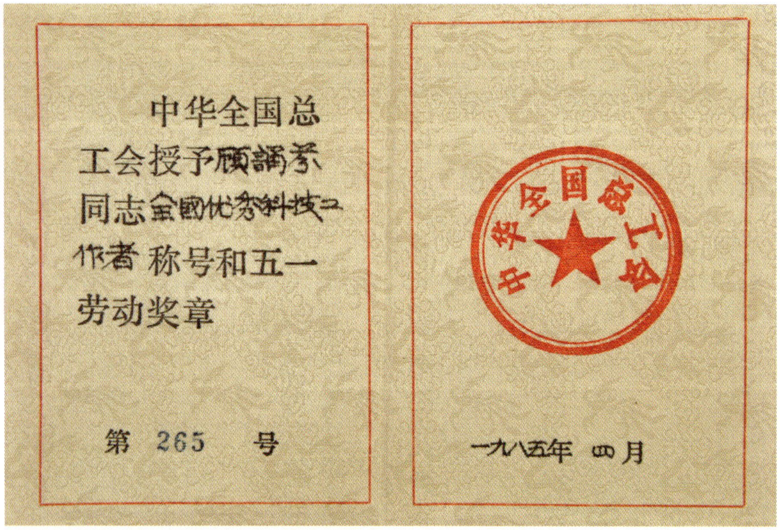

中华全国总工会授予顾诵芬同志全国优秀科技工作者称号和五一劳动奖章

第 265 号

中华全国总工会

一九八五年 四月

顾诵芬荣获“全国优秀科技工作者”称号和“五一劳动奖章”证书

顾诵芬全国“五一劳动奖章”

8 Ⅱ型飞机设计师系统工作情况汇报》，被收入中华人民共和国国防科学技术工业委员会（简称国防科工委）“设计师系统和行政指挥系统工作经验汇编”。

1984 年，顾诵芬荣获中华人民共和国人事部“中青年有突出贡献专家”称号；1985 年，顾诵芬荣获“全国优秀科技工作者”称号和“五一劳动奖章”；1988 年 4 月荣获“全国劳动模范”称号。

顾诵芬荣获“全国劳动模范”证书

顾诵芬“全国劳动模范”奖章

有突出贡献的中青年专家名册

归口单位：国防科工委

108

单位	姓名	性别	出生年月	专业	职称	工资	突出贡献与专家评价	拟提工资	备注
六〇一所	顾诵芬	男	一九三〇年二月	空气动力学	高级工程师	技术五级一百八十一元二角	顾诵芬是我国飞机设计气动力专家高空高速歼击机总设计师，对我国高空高速歼击机设计作出重大贡献。五六年自行设计歼教－1，提出空气动力布局经试飞证实是合理的，起降性能及操纵安定性均符合要求。六一年参加歼七飞机摸透工作，对气动导数分析及操纵安定性分析、试验，取得重要数据，为歼八飞机设计提供重要依据。六四年参加组织领导自行设计我国第一架高空高速歼击机歼八白天型，初期任副总设计师，后期任总设计师，已研制成功，批量装备部队。他主管飞机气动布局，经定型试飞数据证明气动布局是成功的。他成功地进行歼七飞机方向安定性的研究和试飞测定取得重要数据，为歼八飞机设计提供了重要依据，使歼八飞机方向安定性设计达到和超过了高空最大飞行速度指标。在歼八机研制过程中，亲自乘歼六教练机上天试飞观察改进机尾罩及平尾根部加整流包皮，解决了亚跨音速区振动及自动测滑抬头的问题为歼八设计定型奠定了基础。由于贡献突出，七八年《歼七、歼八方向安定性研究》和《歼八低速尾喷及实验研究》获辽宁省科技大会成果奖。七九年评为三机部先进个人标兵，八三年评为沈阳市特等劳动模范，松陵公司优秀共产党员，八四年评为航空工业部劳动模范。	技术四级	[illegible] 升二级，213 [illegible]
六三一所	周天孝	男	一九三八年八月	计算数学	高级工程师	一百一十	理论上有创造性的成果，提出一类新的交磨有限元法被冯康教授等十一名专家认为“独立于西方建立了完整的理论基础，在方法的系统性和理论方面的成就超过了国际上同一方面的既有工作”。《一类交磨有限元法分析》论文获全国科技大会成果奖。《交磨元和拟协调元研究》获国家自然科学四等奖《十四节点混合刚度三维元（曲六面体元）》具有重大科学价值获八三年国家发明三等奖。参加HAJIF－Ⅰ型研制获部和国防科工委科技成果一等奖。七九年、八一年、八二年三次参加国际学术会议，中外发表论文21篇。由于贡献突出获陕西省劳动模	技术六（五）级	升 157.00

有突出贡献的中青年专家名册顾诵芬部分

中华人民共和国人事部中青年有突出贡献专家证书

1986年以后，顾诵芬历任航空工业部科技委副主任、中华人民共和国航空航天工业部（简称航空航天部）科学技术研究院副院长、中国航空工业集团公司科学技术委员会副主任、航空工业科技委高级顾问、中国航空研究院名誉院长等。

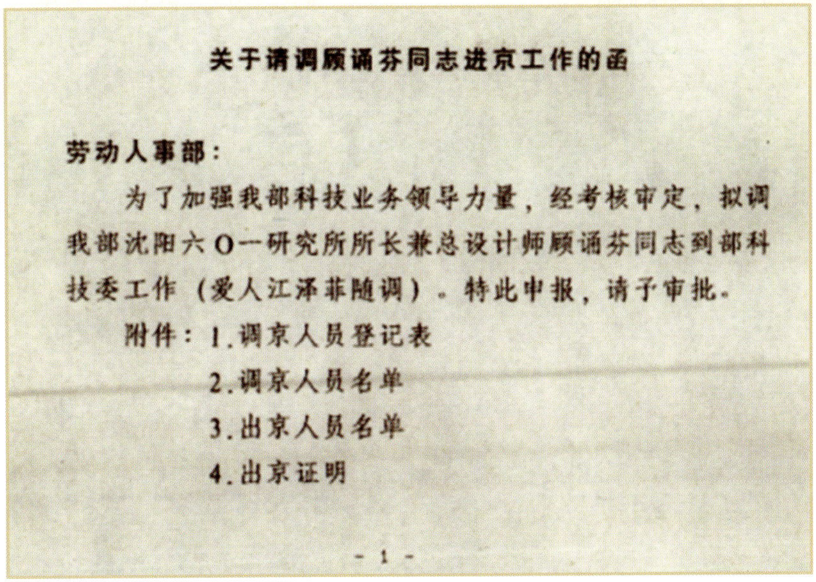

关于请调顾诵芬同志进京工作的函

劳动人事部：

为了加强我部科技业务领导力量，经考核审定，拟调我部沈阳六O一研究所所长兼总设计师顾诵芬同志到部科技委工作（爱人江泽菲随调）。特此申报，请予审批。

附件：1.调京人员登记表

2.调京人员名单

3.出京人员名单

4.出京证明

- 1 -

1985 年，请调顾诵芬同志进京工作的函

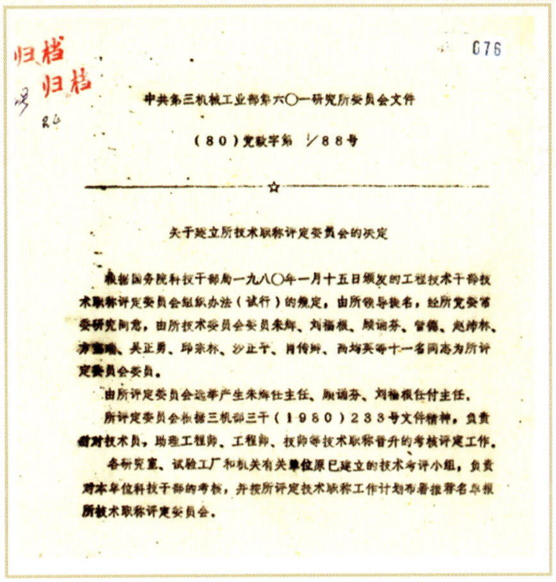

归档 归档

076

中共第三机械工业部第六〇一研究所委员会文件

（80）党数字第 1/88号

关于建立所技术职称评定委员会的决定

根据国务院科技干部局一九八〇年一月十五日颁发的工程技术干部技术职称评定委员会组织办法（试行）的规定，由所领导提名，经所党委常委研究同意，由所技术委员会委员朱峙、刘福根、顾诵芬、管德、赵沛林、方宝瑞、吴正勇、邱宗林、沙正平、肖传坤、冯培英等十一名同志为所评定委员会委员。

由所评定委员会选举产生朱峙任主任、顾诵芬、刘福根任付主任。

所评定委员会根据三机部三干（1980）233号文件精神，负责对技术员，助理工程师、工程师、技师等技术职称晋升的考核评定工作。

各研究室、试验工厂和机关有关单位原已建立的技术考评小组，负责对本单位科技干部的考核，并按所评定技术职称工作计划布署推荐名单报所技术职称评定委员会。

建立沈阳飞机设计研究所技术职称评定委员会的决定

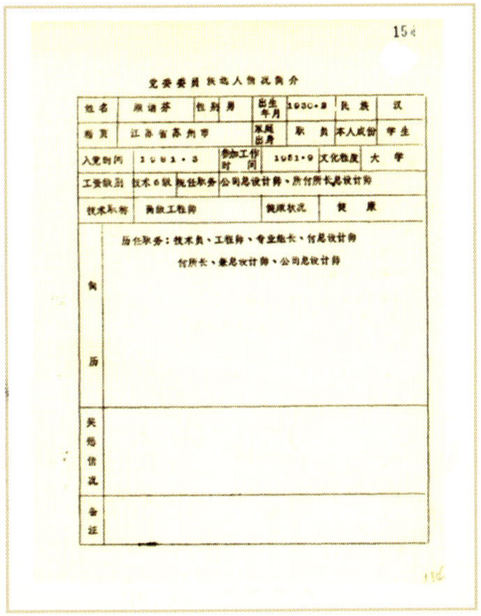

154

党委委员候选人情况简介

姓名	顾诵芬	性别	男	出生年月	1930.2	民族	汉
籍贯	江苏省苏州市			家庭出身	职员	本人成份	学生
入党时间	[illegible]	参加工作时间	1951.9	文化程度	大学		
工资级别	技术6级	现任职务	公司总设计师、所付所长兼总设计师				
技术职称	高级工程师	健康状况	健康				
简历	历任职务：技术员、工程师、专业组长、付总设计师 付所长、兼总设计师、公司总设计师						
奖惩情况							
备注							

顾诵芬作为沈阳飞机设计研究所党委委员候选人情况简介

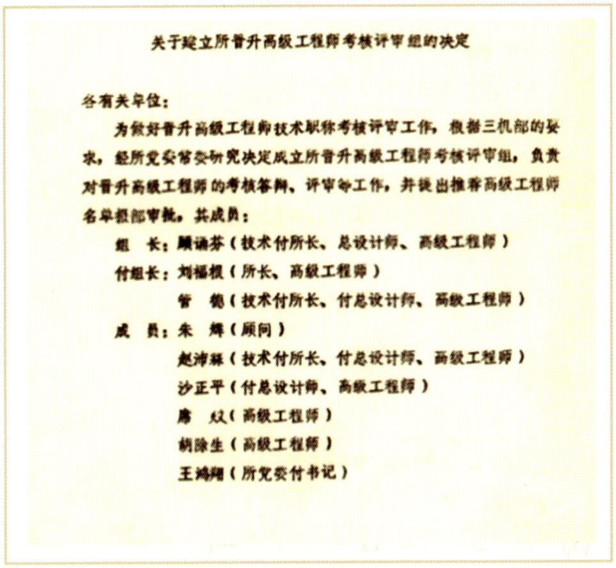

关于建立所晋升高级工程师考核评审组的决定

各有关单位：

为做好晋升高级工程师技术职称考核评审工作，根据三机部的要求，经所党委常委研究决定成立所晋升高级工程师考核评审组，负责对晋升高级工程师的考核答辩、评审等工作，并提出推荐高级工程师名单报部审批。其成员：

组　长：顾诵芬（技术付所长、总设计师、高级工程师）

付组长：刘福根（所长、高级工程师）

管　德（技术付所长、付总设计师、高级工程师）

成　员：朱　峙（顾问）

赵沛霖（技术付所长、付总设计师、高级工程师）

沙正平（付总设计师、高级工程师）

唐　炆（高级工程师）

胡除生（高级工程师）

王鸿翔（所党委付书记）

顾诵芬任沈阳飞机设计研究所晋升高级工程师考核评审组组长文件

第四部分

老骥伏枥　晚霞耀天　摘星辰而琼八方

第三机
您好!
进步工作中做出重大
特颁发此证书，以资

一、矢志不渝 严谨学风道德

1986 年 10 月，顾诵芬调任航空工业部科技委副主任。虽然离开了飞机设计一线，但他时刻关注着国际航空前沿科技发展动态，为我国航空事业的发展不断做出新的贡献。

（一）殚精竭虑，助力重大型号研制

他始终关注着型号研制任务，是我国歼 15 舰载机和教 9 舰载教练机的重要倡导者、推动者和指导者。他在 C919、歼 10、运 20、教 9 等多个型号的研制中担任技术顾问、专家组负责人或成员，为解决设计与研制中的技术关键难题做出了重要贡献。

与此同时，他与叶正大一起积极推动我国水上飞机的研发，为我国水上飞机的发展做出了很大贡献。

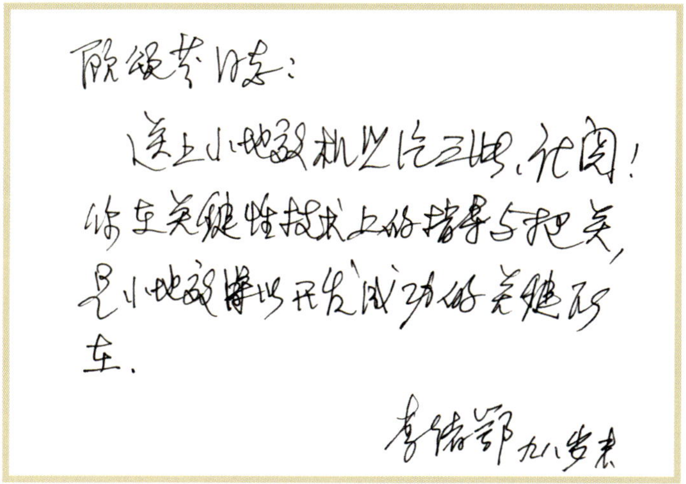
顾诵芬同志：

这个小地效机已试三地，祝贺！你在关键性技术上的指导与把关，是小地效机开发成功的关键所在。

李绪鄂 九八岁末

第一架地效飞机研制成功后，李绪鄂写给顾诵芬的函

（二）戮力同心，助推地效飞行器研究

1995 年，顾诵芬与李绪鄂、崔尔杰一起，组织中国航天空气动力技术研究院、航空工业特种飞行器研究所（现简称航空工业特飞所）为主的技术团队仅用三年时间研制出我国第一架地效飞行器。

1999 年，广州“天象”地效飞机公司成立，顾诵芬接受李绪鄂、崔尔杰邀请担任顾问。“天翼 1 号（DF100）”地效飞机在太湖开始试运行。

2003 年 8 月 9 日，顾诵芬与中国人民解放军总装备部（简称总装备部）科技委顾问叶正大、中国雷达行业协会理事长王金城、中国船舶重工集团公司总经理黄平涛、中国科技开发院副院长陈东等一起，向时任总装备部部长李继耐汇报关于发展我国军用地效飞行器的总体设想。在这之后，顾诵芬撰写并提交了《关于开展军用地效飞行器研究的建议》。

1998 年 9 月 26 日，中国自行开发的第一代实用地效飞行器 DXF -100，在湖北荆门水上首飞成功

（三）敢为人先，建言重大项目决策实施

1. 让中国的大飞机翱翔蓝天

2002 年 3 月，顾诵芬受聘为总装备部飞机总体技术专业组成员。5 月，他负责撰写并提交了《关于把研制大型军用运输机列为国家重大专项的建议》。6 月，他主持完成《我国民机产业的发展思路》咨询课题报告，报告对统一我国大飞机发展思路起到了重要作用。

2006 年 7 月，顾诵芬参加由时任国务院副总理曾培炎在中南海主持的大飞机专题会议，提出《关于我国发展大型客机的几点想法》。

2006 年按照国务院领导意见，开始大飞机专家论证。顾诵芬担任由 19 名专家组成的论证委员会（又称“论证组”）的三位主持者之一，按照国务院领导指示，三位主持者不分正副、排名不按主次分先后。

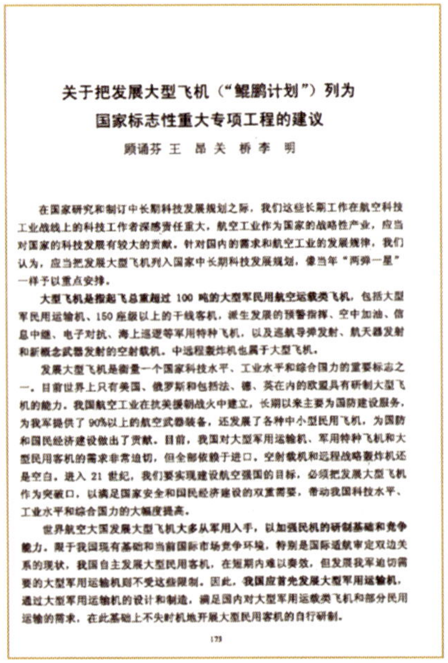

关于把发展大型飞机（“鲲鹏计划”）列为

国家标志性重大专项工程的建议

顾诵芬 王 昂 关 桥 李 明

在国家研究和制订中长期科技发展规划之际，我们这些长期工作在航空科技工业战线上的科技工作者深感责任重大，航空工业作为国家的战略性产业，应当对国家的科技发展有较大的贡献，针对国内的需求和航空工业的发展规律，我们认为，应当把发展大型飞机列入国家中长期科技发展规划，像当年“两弹一星”一样予以重点安排。

大型飞机是指起飞总重超过 100 吨的大型军民用航空运载类飞机，包括大型军民用运输机、150 座级以上的干线客机，派生发展的预警指挥、空中加油、信息中继、电子对抗、海上巡逻等军用特种飞机，以及巡航导弹发射、航天器发射和新概念武器发射的空射载机，中远程轰炸机也属于大型飞机。

发展大型飞机是衡量一个国家科技水平、工业水平和综合国力的重要标志之一。目前世界上只有美国、俄罗斯和包括法、德、英在内的欧盟具有研制大型飞机的能力。我国航空工业在抗美援朝战火中建立，长期以来主要为国防建设服务，为我军提供了 90%以上的航空武器装备，还发展了各种中小型民用飞机，为国防和国民经济建设做出了贡献。目前，我国对大型军用运输机、军用特种飞机和大型民用客机的需求非常迫切，但全部依赖于进口。空射载机和远程战略轰炸机还是空白。进入 21 世纪，我们要实现建设航空强国的目标，必须把发展大型飞机作为突破口，以满足国家安全和国民经济建设的双重需要，带动我国科技水平、工业水平和综合国力的大幅度提高。

世界航空大国发展大型飞机大多从军用入手，以加强民机的研制基础和竞争能力。限于我国现有基础和当前国际市场竞争环境，特别是国际适航审定双边关系的现状，我国自主发展大型民用客机，在短期内难以奏效，但发展我军迫切需要的大型军用运输机则不受这些限制。因此，我国应首先发展大型军用运输机，通过大型军用运输机的设计和制造，满足国内对大型军用运载类飞机和部分民用运输的需求，在此基础上不失时机地开展大型民用客机的自行研制。

173

《关于把发展大型飞机（“鲲鹏计划”）列为国家标志性重大专项工程的建议》

顾诵芬参加大飞机专题会议

2007 年 2 月 26 日，国务院常务会议原则上批准大型飞机研制重大科技专项立项。顾诵芬的建议促进了我国大型运输机运 20 和大型客机 C919 预研工作的开展。同年 7 月，顾诵芬参加国务院常务会议，向国务院领导汇报大型飞机方案论证工作，同年 10 月 15 日，获中华人民共和国科学技术部（简称科技部）证书：“经国务院批准，担任大型飞机方案论证委员会主任委员，在 2006 年 7 月 17 日至 2007 年 2 月 26 日，从事大型飞机方案论证工作，为发展我国大型飞机事业做出了贡献。”

2013 年 1 月 26 日，运 20 首飞成功

C919

2017 年 5 月 5 日，C919 大型客机首飞成功

2. 为国家航空应急救援体系建设建言

2009 年 4 月 8 日，顾诵芬与师昌绪、庄逢甘、戚发轫、陈士橹、李椿萱、刘大响、钟群鹏等 27 位院士以中国航空学会的名义，联名向中央领导上书，提出了“关于建设国家航空应急救援体系的建议”。建议书得到中央领导的高度重视，4 月 14 日，时任中共中央总书记、国家主席胡锦涛批示：“家宝同志：请国务院就国家航空应急救援体系建设问题进行研究、规划和部署。”同一天，时任国务院总理温家宝批示“请应急办、发改委认真落实锦涛同志批示。”中央领导的批示迅速得到落实，国家应急办明确了应急救援体系建设与航空工业协调发展的方针并聘请顾诵芬担任顾问。

为满足我国应急救援体系和国家自然灾害防治体系建设需要，航空工业于 2009 年立项研制“鲲龙 600”（AG600），并于 2017 年 12 月、2018 年 10 月和 2020 年 7 月先后在广东珠海、湖北荆门和山东青岛实现陆上、水上、海上首飞。

3. 为 ARJ21 飞机研制排忧解难

顾诵芬参与了中国航空工业第一集团公司承担的国家重大项目——ARJ21 飞机研制过程中的多项关键技术决策。尤其是在 2005 年 ARJ21 研制的决定性

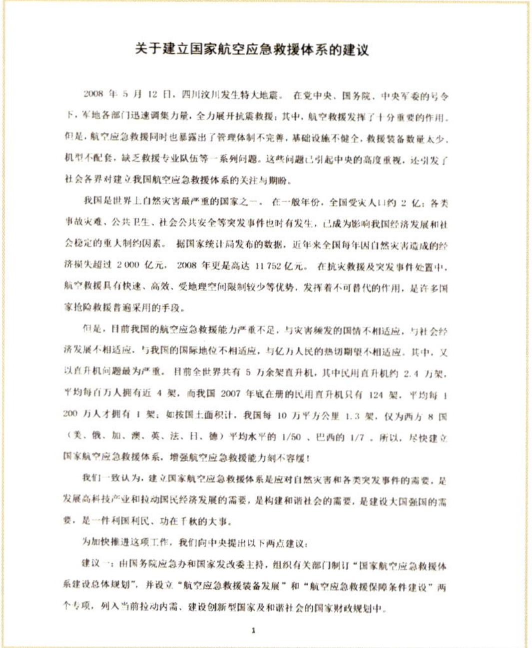

关于建立国家航空应急救援体系的建议

2008 年 5 月 12 日，四川汶川发生特大地震。在党中央、国务院、中央军委的号令下，军地各部门迅速调集力量，全力展开抗震救援；其中，航空救援发挥了十分重要的作用。但是，航空应急救援同时也暴露出了管理体制不完善，基础设施不健全，救援装备数量太少，机型不配套，缺乏救援专业队伍等一系列问题。这些问题已引起中央的高度重视，还引发了社会各界对建立我国航空应急救援体系的关注与期盼。

我国是世界上自然灾害最严重的国家之一。在一般年份，全国受灾人口约 2 亿；各类事故灾难、公共卫生、社会公共安全等突发事件也时有发生，已成为影响我国经济发展和社会稳定的重大制约因素。据国家统计局发布的数据，近年来全国每年因自然灾害造成的经济损失超过 2 000 亿元，2008 年更是高达 11 752 亿元。在抗灾救援及突发事件处置中，航空救援具有快速、高效、受地理空间限制较少等优势，发挥着不可替代的作用，是许多国家抢险救援普遍采用的手段。

但是，目前我国的航空应急救援能力严重不足，与灾害频发的国情不相适应，与社会经济发展不相适应，与我国的国际地位不相适应，与亿万人民的热切期望不相适应。其中，又以直升机问题最为严重。目前全世界共有 5 万余架直升机，其中民用直升机约 2.4 万架，平均每百万人拥有近 4 架，而我国 2007 年底在册的民用直升机只有 124 架，平均每 1 200 万人才拥有 1 架；如按国土面积计，我国每 10 万平方公里 1.3 架，仅为西方 8 国（美、俄、加、澳、英、法、日、德）平均水平的 1/50 、巴西的 1/7 。所以，尽快建立国家航空应急救援体系，增强航空应急救援能力刻不容缓！

我们一致认为，建立国家航空应急救援体系是应对自然灾害和各类突发事件的需要，是发展高科技产业和拉动国民经济发展的需要，是构建和谐社会的需要，是建设大国强国的需要，是一件利国利民、功在千秋的大事。

为加快推进这项工作，我们向中央提出以下两点建议：

建议一：由国务院应急办和国家发改委主持，组织有关部门制订“国家航空应急救援体系建设总体规划”，并设立“航空应急救援装备发展”和“航空应急救援保障条件建设”两个专项，列入当前拉动内需、建设创新型国家及和谐社会的国家财政规划中。

1

《关于建立国家航空应急救援体系的建议》

AG600

ARJ21

阶段，他受集团党组委托，带领专家组对研制工作及设计方案进行评估，提出了重要的咨询建议，为 ARJ21 研制成功起到了极其关键的作用。

2009 年 2 月，顾诵芬获 ARJ21—700 飞机成功首飞个人特别贡献奖。

（四）奋力向前，推动我国航空科技发展

1.863-2 专家委员会工作

1986 年，顾诵芬到北京后接受的第一项任务是参加“863”专家委员会。“863”是一项影响深远的跨世纪重大工程的代号，也是中国当代科学技术发展史上具有里程碑意义的一个标志。

1990 年 2 月，顾诵芬撰写《863-2 专家委员会任期工作总结》，得到专家委员会好评。

1994 年 2 月，顾诵芬参研项目《863 计划航天技术领域论证工作综合报告》获国防科技软科学科学技术进步二等奖（排名第七）。

1997 年初，顾诵芬被任命为首届“863”计划航天高技术领域专家委员会委员，参加了航天航空发展规划研究，组织和领导了我国航天飞机的方案论证和技术攻关工作。

2. 推动中俄航空科技交流合作

顾诵芬发起并主持了与俄罗斯气动力和飞机设计专家对远景飞机的设计合作，使我国沈阳飞机设计研究所、成都飞机设计研究所（现简称航空工业成都所）的 250 多名飞机技术骨干得到锻炼，此次活动形成的研究成果为我国新一代战机的研制奠定了坚实

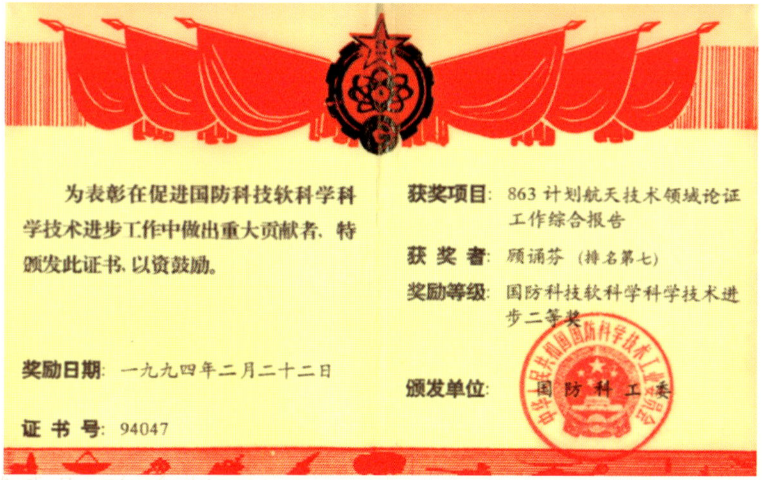
为表彰在促进国防科技软科学科学技术进步工作中做出重大贡献者，特颁发此证书，以资鼓励。

获奖项目：863 计划航天技术领域论证工作综合报告

获 奖 者：顾诵芬　（排名第七）

奖励等级：国防科技软科学科学技术进步二等奖

奖励日期：一九九四年二月二十二日

颁发单位：国防科工委

证 书 号：94047

1994 年，《863 计划航天技术领域论证工作报告》获国防科技软科学科学技术进步二等奖，顾诵芬排名第七

1997 年 8 月，顾诵芬在介绍中俄科技合作的技术交流会上讲课

的基础。

1990 年 9 月，顾诵芬访问苏联中央空气流体动力研究院（TsAGI）、飞行研究院、航空发动机研究院等。1991 年，他邀请苏联专家来华讲学。

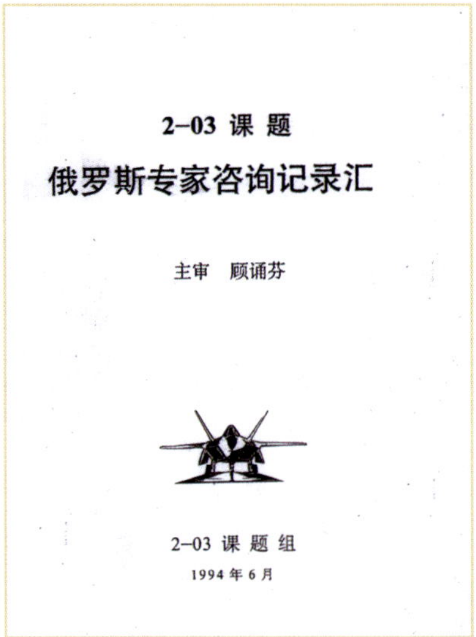
2-03 课 题

俄罗斯专家咨询记录汇

主审　顾诵芬

2-03 课 题 组

1994 年 6 月

1993 年 10 月俄方派 30 名专家来沈阳进行技术合作，顾诵芬也连续工作了两个多月。对这段合作，顾诵芬向国防科工委和空军及国内有关专家进行了大会汇报，得到了好评。根据合作的成果，国防科工委确定了“九五”期间航空领域的重大背景项目，使航空预研有了明确目标。“九五”期间确定了飞机总体综合技术课题，由顾诵芬担任组长，由沈阳飞机设计研究所、成都飞机设计研究所、沈阳空气动力研究所、哈尔滨空气动力研究所、航空航天部系统工程研究所及北京航空航天大学、南京航空航天大学、西北工业大学等单位参加，联合攻关，从而开始了我国新一代飞机的预研。回顾这段历史，充分说明，顾诵芬是我国在航空领域与俄进行合作的倡导者、开拓者和指路人，也是我国新一代飞机预研的开拓者和奠基人。

1993 年，顾诵芬组织航空航天部系统工程研究所、沈阳飞机设计研究所技术团队专程赴俄中央空气流体动力研究院调研空战模拟软件（TACTIC）；组织中俄专家进行下一代歼击机方案研究；随引进苏 -27 飞机考察团赴俄考察，参观苏霍伊设计局、导弹设计局、雷达设计局；开展地效飞机研究。

1996 年，他推荐俄罗斯航空专家比施根斯为中国工程院外籍院士。1997 年，顾诵芬和比施根斯签署中央空气流体动力研究院与中国航空研究院合作协议。

中俄科技合作的技术交流会

顾诵芬（前左五）与中俄双方技术专家合影

2000 年 1 月，顾诵芬受聘为总装备部国家安全重大基础研究专家顾问组成员，提议召开研讨我国民机发展的香山会议。2001 年 2 月，他发起并与师昌绪、刘大响、郑哲敏共同主持召开第 159 次香山科学会议。

（五）业精于勤，学术研究与理论著作成就斐然

虽然顾诵芬的主要精力是在飞机型号研制、航空发展战略研究等方面，但他在学术研究方面同样著述颇丰，影响力很大。顾诵芬在完成型号研制、课题研究等工作的同时，还写下了大量专业理论著作，组织编纂了一系列技术规范、设计手册、标准及科技丛书。

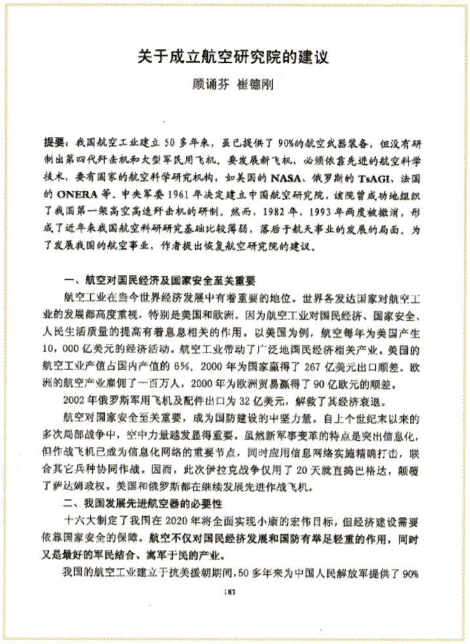

关于成立航空研究院的建议

顾诵芬 崔德刚

提要：我国航空工业建立 50 多年来，虽已提供了 90%的航空武器装备，但没有研制出第四代歼击机和大型军民用飞机。要发展新飞机，必须依靠先进的航空科学技术，要有国家的航空科学研究机构，如美国的 NASA、俄罗斯的 TsAGI、法国的 ONERA 等。中央军委 1961 年决定建立中国航空研究院，该院曾成功地组织了我国第一架高空高速歼击机的研制。然而，1982 年、1993 年两度被撤消，形成了近年来我国航空科研研究基础比较薄弱，落后于航天事业的发展的局面。为了发展我国的航空事业，作者提出恢复航空研究院的建议。

一、航空对国民经济及国家安全至关重要

航空工业在当今世界经济发展中有着重要的地位。世界各发达国家对航空工业的发展都高度重视，特别是美国和欧洲。因为航空工业对国民经济、国家安全、人民生活质量的提高有着息息相关的作用。以美国为例，航空每年为美国产生 10，000 亿美元的经济活动。航空工业带动了广泛地国民经济相关产业。美国的航空工业产值占国内产值的 6%，2000 年为国家赢得了 267 亿美元出口顺差。欧洲的航空产业雇佣了一百万人，2000 年为欧洲贸易赢得了 90 亿欧元的顺差。

2002 年俄罗斯军用飞机及配件出口为 32 亿美元，解救了其经济衰退。

航空对国家安全至关重要，成为国防建设的中坚力量。自上个世纪末以来的多次局部战争中，空中力量越发显得重要。虽然新军事变革的特点是突出信息化，但作战飞机已成为信息化网络的重要节点，同时应用信息网络实施精确打击，联合其它兵种协同作战。因而，此次伊拉克战争仅用了 20 天就直捣巴格达，颠覆了萨达姆政权。美国和俄罗斯都在继续发展先进作战飞机。

二、我国发展先进航空器的必要性

十六大制定了我国在 2020 年将全面实现小康的宏伟目标，但经济建设需要依靠国家安全的保障。航空不仅对国民经济发展和国防有举足轻重的作用，同时又是最好的军民结合、寓军于民的产业。

我国的航空工业建立于抗美援朝期间，50 多年来为中国人民解放军提供了 90%

183

1987 年，顾诵芬在《气动实验与测量控制》（中国空气动力学会 CARS、中国空气动力研究发展中心主办）1987 年第 1 卷第 1 期发表《空气动力学对飞机研制的支持》一文，在业内引起广泛关注。同年 6 月，顾诵芬受聘担任南京航空学院名誉教授。

1988 年，在中国气动力研究会春节学术座谈会上，顾诵芬做题为《下一代军用飞机的气动设计特点》的学术报告，后来报告全文刊登在《国际航空》1988 年第 5 期。同年 5 月，他向中国航空学会第四次全国会员代表大会提交《关于航天飞机研制和发展的综述》研制报告，并被选作大会交流资料。

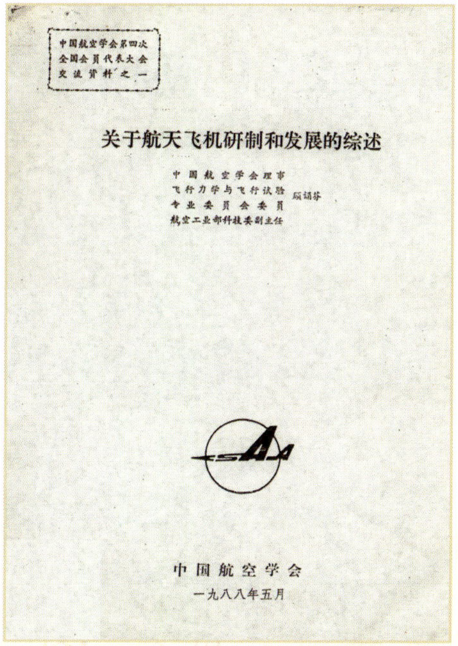

中国航空学会第四次
全国会员代表大会
交流资料之一

关于航天飞机研制和发展的综述

中国航空学会理事
飞行力学与飞行试验
专业委员会委员
航空工业部科技委副主任
顾诵芬

中国航空学会

一九八八年五月

1988 年，新组建的航空航天部恢复建立“航空航天部科学技术研究院”，顾诵芬任中国航空研究院副院长，负责主动控制技术（ACT）研究项目。基于 ACT 研究项目，由我国自主研制的加装模拟式电传操纵系统的歼 8 技术验证机于 1988 年 11 月成功首飞。在首飞之后的试飞过程中，该机连续完成 25 个无故障起落。

1990 年，顾诵芬在《现代化》杂志 1990 年第 1、第 2、第 3 期发表《当代航空航天技术的发展趋势——关于航空航天飞机》。

随着改革开放的推进，航空航天领域的对外合作交流也逐渐广泛。1991 年 11

月，顾诵芬赴美参加美国航空航天协会（AIAA American Institute of Aeronautics and Astronautics）第 3 届国际空天飞机大会，在会上做题为《Comments on the Application of Hypersonic Civil Airplanes in China in the 21st Century》的发言。回国之后，他根据参加的活动事项等，他撰写完成了《参加第三届国际空天飞机会议及在美顺访活动情况汇报》。

1992 年 7 月 23—25 日，顾诵芬组织航空工业系统及空军科研部的飞机、发动机型号总设计师，以及座椅、氧气系统及飞控专家一行 35 人，与帮助改装苏 -27 飞机的 11 名俄罗斯专家进行座谈，后根据座谈情况撰写了《中俄专家技术交流总结》。

1993 年，在全国总工会召开的会议上，顾诵芬做题为《把理想写在祖国蓝天》的报告，该报告在 5 月 4 日出版的《工人日报》上全文刊发。同年 8 月 5 日，顾诵芬撰写的《教书育人 万世师表——敬贺杨彭基先生执教 50 周年》一文，在《中国航空报》上全文刊发。

1993 年 9 月 29 日，顾诵芬与王大珩、马真、师昌绪、季文美等联合完成《关于研制我国干线飞机的建议》的报告，并提交国务委员宋健。

1998 年 4 月，顾诵芬应邀参加“21 世纪航空发展与展望——中俄学术会议”。同年 10 月，他参加了中国航空学会访俄代表团，该代表团由叶正大任高级顾问，成员还包括沈阳飞机设计研究所总设计师李明、沈阳发动机设计研究所总设计师张恩和等。访俄考察结束后，顾诵芬撰写完成了《为引进发动机推力转向技术赴俄罗斯的考察报告》。

2000 年 9 月，在中国航空工业第一集团公司科学技术委员会主办、沈阳飞机设计研究所承办的“航空发展座谈会”上，顾诵芬做了题为《对飞机设计工作的一些看法》的发言。

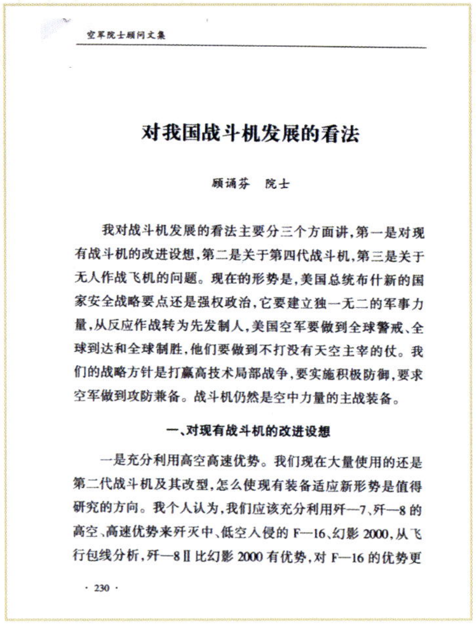
空军院士顾问文集

对我国战斗机发展的看法

顾诵芬 院士

我对战斗机发展的看法主要分三个方面讲，第一是对现有战斗机的改进设想，第二是关于第四代战斗机，第三是关于无人作战飞机的问题。现在的形势是，美国总统布什新的国家安全战略要点还是强权政治，它要建立独一无二的军事力量，从反应作战转为先发制人，美国空军要做到全球警戒、全球到达和全球制胜，他们要做到不打没有天空主宰的仗。我们的战略方针是打赢高技术局部战争，要实施积极防御，要求空军做到攻防兼备。战斗机仍然是空中力量的主战装备。

一、对现有战斗机的改进设想

一是充分利用高空高速优势。我们现在大量使用的还是第二代战斗机及其改型，怎么使现有装备适应新形势是值得研究的方向。我个人认为，我们应该充分利用歼—7、歼—8 的高空、高速优势来歼灭中、低空入侵的 F—16、幻影 2000，从飞行包线分析，歼—8Ⅱ 比幻影 2000 有优势，对 F—16 的优势更

· 230 ·

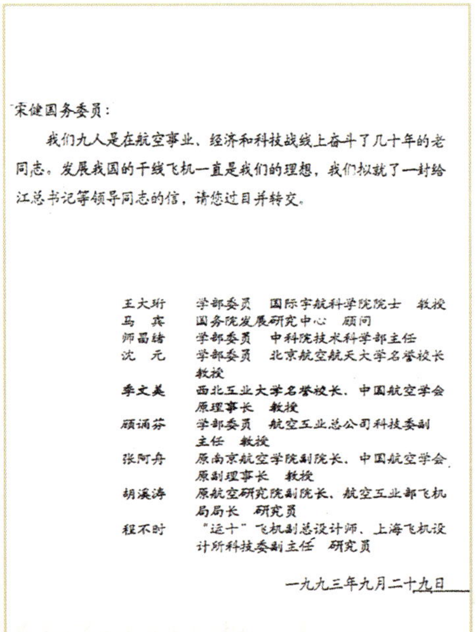
宋健国务委员：

我们九人是在航空事业、经济和科技战线上奋斗了几十年的老同志。发展我国的干线飞机一直是我们的理想，我们拟就了一封给江总书记等领导同志的信，请您过目并转交。

王大珩 学部委员 国际宇航科学院院士 教授
马 宾 国务院发展研究中心 顾问
师昌绪 学部委员 中科院技术科学部主任
沈 元 学部委员 北京航空航天大学名誉校长 教授
季文美 西北工业大学名誉校长、中国航空学会原理事长 教授
顾诵芬 学部委员 航空工业总公司科技委副主任 教授
张阿舟 原南京航空学院副院长、中国航空学会原副理事长 教授
胡溪涛 原航空研究院副院长、航空工业部飞机局局长 研究员
程不时 “运十”飞机副总设计师、上海飞机设计所科技委副主任 研究员

一九九三年九月二十九日

2001 年 2 月，基于长期科研一线实际工作经验和感受，顾诵芬撰写了《重读科研十四条有感》一文，并刊发于 2 月 12 日出版的《光明日报》。同年 6 月，顾诵芬与王大珩、师昌绪一起倡议，成立由中国科学院技术科学部和中国工程院机械与运载工程学部资深研究人员组成的我国大型运输机发展战略咨询课题组，课题组由 16 名院士（其中 5 名两院院士）和 9 名资深研究人员组成。作为课题建议人，顾诵芬主持和组织了咨询组的工作，带领课题组走访空军，赴上海、西安两地调研。

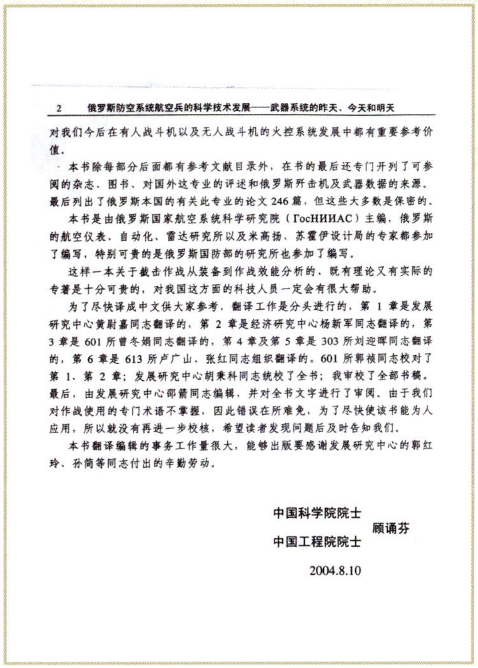

2　俄罗斯防空系统航空兵的科学技术发展——武器系统的昨天、今天和明天

对我们今后在有人战斗机以及无人战斗机的火控系统发展中都有重要参考价值。

本书除每部分后面都有参考文献目录外，在书的最后还专门开列了可参阅的杂志、图书、对国外这专业的评述和俄罗斯歼击机及武器数据的来源。最后列出了俄罗斯本国的有关此专业的论文 246 篇，但这些大多数是保密的。

本书是由俄罗斯国家航空系统科学研究院（ГосНИИАС）主编，俄罗斯的航空仪表、自动化、雷达研究所以及米高扬、苏霍伊设计局的专家都参加了编写，特别可贵的是俄罗斯国防部的研究所也参加了编写。

这样一本关于截击作战从装备到作战效能分析的、既有理论又有实际的专著是十分可贵的，对我国这方面的科技人员一定会有很大帮助。

为了尽快译成中文供大家参考，翻译工作是分头进行的，第 1 章是发展研究中心黄尉嘉同志翻译的，第 2 章是经济研究中心杨新军同志翻译的，第 3 章是 601 所曹冬娟同志翻译的，第 4 章及第 5 章是 303 所刘迎晖同志翻译的，第 6 章是 613 所卢广山、张红同志组织翻译的。601 所郭祯同志校对了第 1、第 2 章；发展研究中心胡秉科同志统校了全书；我审校了全部书稿。最后，由发展研究中心邵髓同志编辑，并对全书文字进行了审阅。由于我们对作战使用的专门术语不掌握，因此错误在所难免，为了尽快使该书能为人应用，所以就没有再进一步校核，希望读者发现问题后及时告知我们。

本书翻译编辑的事务工作量很大，能够出版要感谢发展研究中心的郭红玲、孙简等同志付出的辛勤劳动。

中国科学院院士
中国工程院院士　顾诵芬

2004.8.10

2002 年 5 月，顾诵芬撰写并提交《关于把研制大型军用运输机列为国家重大专项的建议》。同年 6 月，完成《我国民机产业的发展思路》咨询课题报告，报告对统一我国大飞机发展思路起到了重要作用。

2002 年，顾诵芬组织翻译出版了《俄罗斯防空系统航空兵的科学技术发展——武器系统的昨天、今天和明天》。并于 2004 年 8 月，为《俄罗斯防空系统航空兵的科学技术发展——武器系统的昨天、今天和明天》撰写序言。此外，他与朱荣昌合著完成了《我国军用飞机的发展回顾》。

2003 年，由顾诵芬撰写的《对我国战斗机发展的看法》，被收入空军政治部编《空军院士顾问文集》。为了表达对徐舜寿同志的怀念，顾诵芬撰写了《忆新中国飞机设计事业的奠基人——徐舜寿同志》一文，并刊发在 2003 年第 8 期《航空知识》杂志上。

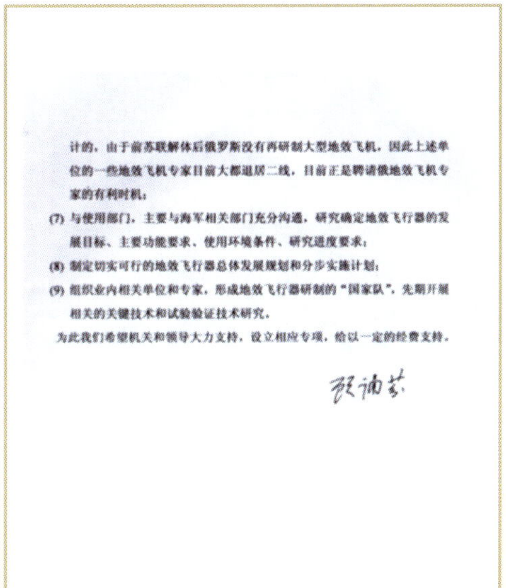

计的，由于前苏联解体后俄罗斯没有再研制大型地效飞机，因此上述单位的一些地效飞机专家目前大都退居二线，目前正是聘请俄地效飞机专家的有利时机；

(7) 与使用部门，主要与海军相关部门充分沟通，研究确定地效飞行器的发展目标、主要功能要求、使用环境条件、研究进度要求；

(8) 制定切实可行的地效飞行器总体发展规划和分步实施计划；

(9) 组织业内相关单位和专家，形成地效飞行器研制的“国家队”，先期开展相关的关键技术和试验验证技术研究。

为此我们希望机关和领导大力支持，设立相应专项，给以一定的经费支持。

顾诵芬

2005 年，由他撰写的《忆马凤山同志》一文刊于《民用飞机设计与研究》2005 年第 1 期。同年 3 月，他组织“第四代战斗机发展专题论证组”，并撰写《我国第四代战斗机发展研究》专题研究报告。同年 5 月，撰写的《回忆志千同志》一文收入沈阳飞机设计研究所编辑的《黄志千——我国自行设计飞机的奠基人、新中国首任飞机总设计师、歼 8 飞机的开拓者》纪念文集。

2006 年，顾诵芬推动并组织整理徐昌裕口述回忆录《为祖国航空拼搏一生》，该书在当年 11 月出版，由他所撰写的《追思徐昌裕同志》一文收为附录。

2007 年 6 月，他撰写的《立足现有航空武器装备实现‘空天一体’的一些想法》一文，被收入空军装备总体论证研究所、空军装备发展理论研究中心、中国军事科学学会战略分会编《空天一体与装备发展研讨会论文集》。

2008 年 5 月，顾诵芬与李天院士等专家提出“关于我国发展变体飞行器技术途径的建议”。

为纪念在我国航空工业历史上第一架喷气教练机和喷气发动机设计研制成功 50 周年，缅怀徐舜寿，顾诵芬任担任编写组组长，组织包括徐舜寿夫人宋蜀碧及子女、中国航空工业第一集团公司科技委、沈阳飞机设计研究所、中国航空工业集团公司第一飞机设计研究院（简称航空工业一飞院）等联合编写《中国飞机设计事业的一代宗师——徐舜寿》一书。2008 年 12 月，中国航空工业第一集团公司举行《中国飞机设计事业的一代宗师——徐舜寿》首发式，首发式由集团公司副总经理高建设主持，原总经理刘高倬出席，顾诵芬在首发式上介绍了该书编写过程和立意。

2008 年 12 月 15 日，顾诵芬就有关“空天一体”问题致信时任中国航空工业集团公司总经理林左鸣。

2009 年 7 月，应上海图书馆之约，顾诵芬撰写了《追思往事 感念前贤——纪念上海私立合众图书馆》一文。2009 年 8 月，由他撰写的《追思老领导陈少中副部长》一文，收入《音容宛在——深切怀念陈少中同志》纪念文集。同年 9 月， 他被授予感动沈阳 60 年劳动功勋奖章。同年 10 月，他撰写《回忆段子俊副部长》一文，收入北京航空航天大学出版社 2010 年 1 月出版的《新中国航空工业主要创始人之一段子俊》纪念文集。同年 12 月 15 日，他为俄罗斯中央空气流体动力研究院编纂的《超声速飞机空气动力学和飞行力学》中译本撰写出版说明及初版序言。

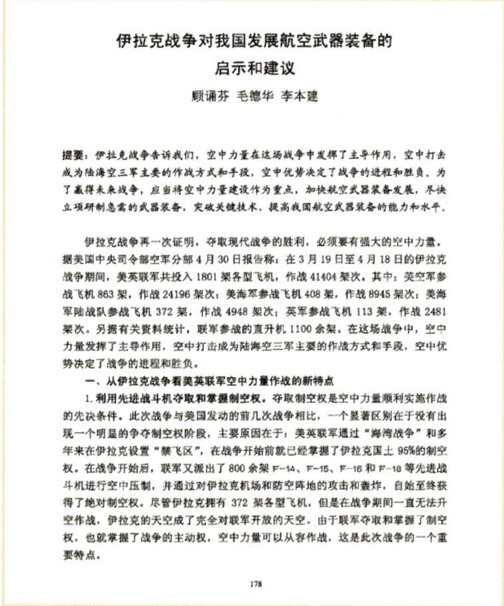

伊拉克战争对我国发展航空武器装备的
启示和建议

顾诵芬 毛德华 李本建

提要：伊拉克战争告诉我们，空中力量在这场战争中发挥了主导作用，空中打击成为陆海空三军主要的作战方式和手段，空中优势决定了战争的进程和胜负。为了赢得未来战争，应当将空中力量建设作为重点，加快航空武器装备发展，尽快立项研制急需的武器装备，突破关键技术，提高我国航空武器装备的能力和水平。

伊拉克战争再一次证明，夺取现代战争的胜利，必须要有强大的空中力量。据美国中央司令部空军分部 4 月 30 日报告称：在 3 月 19 日至 4 月 18 日的伊拉克战争期间，美英联军共投入 1801 架各型飞机，作战 41404 架次。其中：美空军参战飞机 863 架，作战 24196 架次；美海军参战飞机 408 架，作战 8945 架次；美海军陆战队参战飞机 372 架，作战 4948 架次；英军参战飞机 113 架，作战 2481 架次。另据有关资料统计，联军参战的直升机 1100 余架。在这场战争中，空中力量发挥了主导作用，空中打击成为陆海空三军主要的作战方式和手段，空中优势决定了战争的进程和胜负。

一、从伊拉克战争看美英联军空中力量作战的新特点

1. **利用先进战斗机夺取和掌握制空权。**夺取制空权是空中力量顺利实施作战的先决条件。此次战争与美国发动的前几次战争相比，一个显著区别在于没有出现一个明显的争夺制空权阶段，主要原因在于：美英联军通过“海湾战争”和多年来在伊拉克设置“禁飞区”，在战争开始前就已经掌握了伊拉克国土 95%的制空权。在战争开始后，联军又派出了 800 余架 F-14、F-15、F-16 和 F-18 等先进战斗机进行空中压制，并通过对伊拉克机场和防空阵地的攻击和轰炸，自始至终获得了绝对制空权。尽管伊拉克拥有 372 架各型飞机，但是在战争期间一直无法升空作战，伊拉克的天空成了完全对联军开放的天空。由于联军夺取和掌握了制空权，也就掌握了战争的主动权，空中力量可以从容作战，这是此次战争的一个重要特点。

178

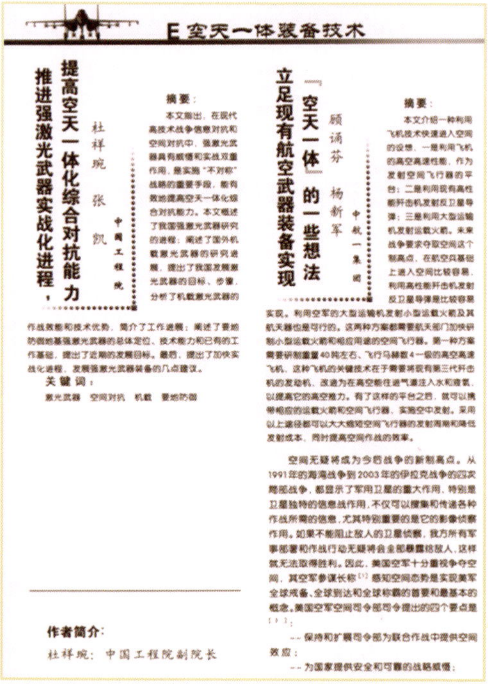

E 空天一体装备技术

提高空天一体化综合对抗能力，推进强激光武器实战化进程

杜祥琬 张凯

中国工程院

摘要：

关键词：

激光武器 空间对抗 机载 要地防御

作者简介：

杜祥琬：中国工程院副院长

立足现有航空武器装备实现『空天一体』的一些想法

顾诵芬 杨新军

中航一集团

摘要：

2011 年，顾诵芬撰写的《缅怀恩师季文美教授》一文，刊发于西北工业大学出版社出版的《季文美纪念文集》。应航空工业出版社之约，顾诵芬先后为《一路前行——飞机设计专家李明》《情志蓝天——记航空气动专家中国科学院院士李天》《“凤”舞蓝天：记中国工程院院士杨凤田》等院士传记作序，上述系列传记于 2011 年由航空工业出版社出版。

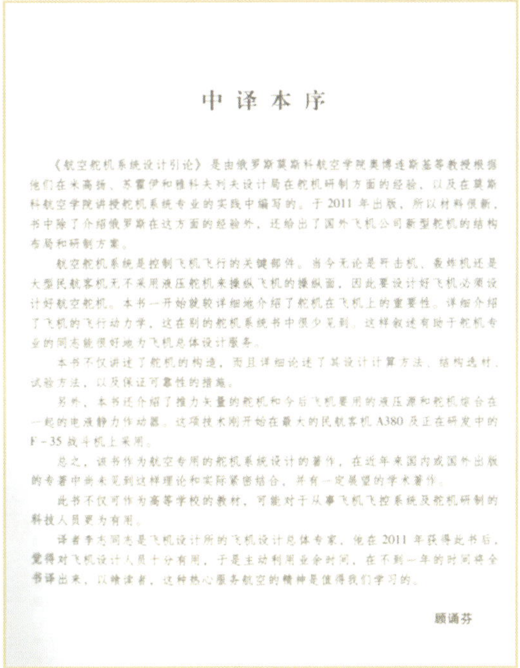
中译本序

《航空舵机系统设计引论》是由俄罗斯莫斯科航空学院奥博连斯基等教授根据他们在米高扬、苏霍伊和雅科夫列夫设计局在舵机研制方面的经验，以及在莫斯科航空学院讲授舵机系统专业的实践中编写的。于 2011 年出版，所以材料很新。书中除了介绍俄罗斯在这方面的经验外，还给出了国外飞机公司新型舵机的结构布局和研制方案。

航空舵机系统是控制飞机飞行的关键部件。当今无论是歼击机、轰炸机还是大型民航客机无不采用液压舵机来操纵飞机的操纵面，因此要设计好飞机必须设计好航空舵机。本书一开始就较详细地介绍了舵机在飞机上的重要性。详细介绍了飞机的飞行动力学，这在别的舵机系统书中很少见到。这样叙述有助于舵机专业的同志能很好地为飞机总体设计服务。

本书不仅讲述了舵机的构造，而且详细论述了其设计计算方法、结构选材、试验方法，以及保证可靠性的措施。

另外，本书还介绍了推力矢量的舵机和今后飞机要用的液压源和舵机综合在一起的电液静力作动器。这项技术刚开始在最大的民航客机 A380 及正在研发中的 F-35 战斗机上采用。

总之，该书作为航空专用的舵机系统设计的著作，在近年来国内或国外出版的专著中尚未见到这样理论和实际紧密结合，并有一定展望的学术著作。

此书不仅可作为高等学校的教材，可能对于从事飞机飞控系统及舵机研制的科技人员更为有用。

译者李志同志是飞机设计所的飞机设计总体专家，他在 2011 年获得此书后，觉得对飞机设计人员十分有用，于是主动利用业余时间，在不到一年的时间将全书译出来，以飨读者，这种热心服务航空的精神是值得我们学习的。

顾诵芬

2012 年 3 月，顾诵芬发起并组织多方面专家开展“轻重搭配先进战斗机”课题研究。同年 6 月，应邀在中航国际发表题为《我所经历的新中国航空工业发展历程》演讲。同年 10 月，他担任中国工程院“三沙市发展战略研究”课题的子课题“民用航空发展规划与发展战略”的负责人，为《中国飞机气动弹性专业的奠基人管德》作序，该书 2012 年由航空工业出版社出版。

2013 年，为《新中国航空科技工业开拓者叶正大将军回忆录》作序，该书 2013 年 10 月由航空工业出版社出版；为“CCTV2013 年度科技创新人物”——中航工业副总工程师、我国首型舰载机歼 15 总设计师孙聪颁奖。

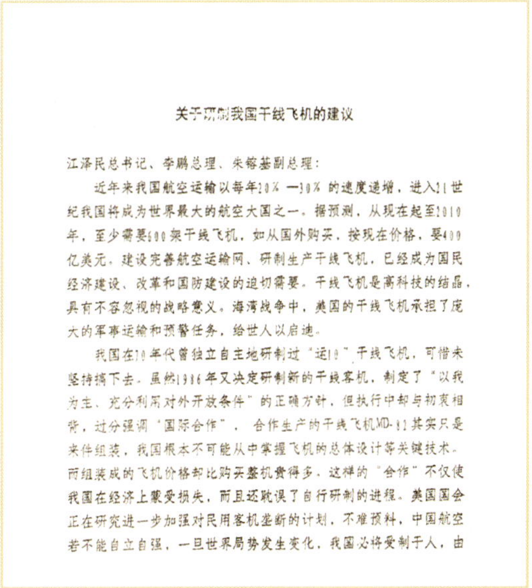
关于研制我国干线飞机的建议

江泽民总书记、李鹏总理、朱镕基副总理：

近年来我国航空运输以每年20%—30%的速度递增，进入21世纪我国将成为世界最大的航空大国之一。据预测，从现在起至2010年，至少需要600架干线飞机，如从国外购买，按现在价格，要400亿美元。建设完善航空运输网、研制生产干线飞机，已经成为国民经济建设、改革和国防建设的迫切需要。干线飞机是高科技的结晶，具有不容忽视的战略意义。海湾战争中，美国的干线飞机承担了庞大的军事运输和预警任务，给世人以启迪。

我国在70年代曾独立自主地研制过“运10”干线飞机，可惜未坚持搞下去。虽然1986年又决定研制新的干线客机，制定了“以我为主、充分利用对外开放条件”的正确方针，但执行中却与初衷相背，过分强调“国际合作”，合作生产的干线飞机MD-82其实只是来件组装，我国根本不可能从中掌握飞机的总体设计等关键技术。而组装成的飞机价格却比购买整机贵得多。这样的“合作”不仅使我国在经济上蒙受损失，而且还耽误了自行研制的进程。美国国会正在研究进一步加强对民用客机垄断的计划，不难预料，中国航空若不能自立自强，一旦世界局势发生变化，我国必将受制于人，由

2015 年，组织研究编写关于战略发展的丛书，修改各分册编写提纲。2019 年 4 月，主编的“军用航空装备技术发展理论丛书”出版发行。12 月该丛书入选 2019 年出版百种科技新书。主持的中国工程院咨询研究项目《航空装备 XXXX 发展战略研究》成果通过验收评审，并报送国家领导人。

（六）孜孜以求，屡获殊荣

1990 年底，鉴于其在科学研究和型号研制方面取得的突出成就，顾诵芬被中国航空学会、航空航天部科学技术委员会、中国空气动力学会推荐为中国科学院学部委员候选人。1991 年 6 月，顾诵芬当选为中国科学院学部委员，这是作为中国自然科学最高学术机构、科学技术最高咨询机构、国家自然科学与高技术

综合研究发展中心的中国科学院第一次接纳中国航空工业领域的科学家和工程技术专家。

《中国科学院学部委员候选人推荐书》“在科学技术方面的主要成就与贡献”一栏中这样写着：

“著名飞机设计师顾诵芬，是第一批国家级有突出贡献的中青年科技专家。直接组织领导和参与过我国低、中、高三代、10余个歼击机型号的设计，荣获10多项科技成果进步奖……由他任总设计师的歼8Ⅱ型飞机，其战术技术性能超过苏制米格-23，接近法国幻影2000。他是我国飞机设计、特别是气动力设计技术应用研究和发展方向带头人。”

——中国航空学会

顾诵芬同志在飞机总体设计、气动力布局、载荷计算、进气道设计和飞机操纵稳定品质等领域中，在理论研究上有很深的造诣。特别是将这些理论用于解决飞机设计的实际问题上做出了重大贡献，已成为公认的飞机设计专家和权威……。

——航空航天部科学技术委员会

他撰写的“摸透62式（米格-21）飞机气动力问题”的报告，深受读者的好评。中国科学院学部委员沈元认为：此报告总结了国内当时气动研究的先进水平。

……

利用系统工程管理、协调飞机各专业技术，综合成总体优化的歼8Ⅱ型飞机。

……美国空军代表团团长参观后认为，歼8Ⅱ飞机的外形设计已达到国际80年代水平。

——中国空气动力学学会

在学部委员推荐书上，中国航空学会负责人季文美、航空航天部科学技术委员会负责人王南寿、中国空气动力学学会负责人庄逢甘郑重地写下了推荐意见：“顾诵芬同志对空气动力学方面有较高的造诣……在国内外享有较高声誉，……

根据顾诵芬同志的学术造诣和重大贡献，我们认为顾诵芬同志符合增补学部委员的条件，特予推荐。”

王大珩、林宗棠作为主管部门负责人，签署了“同意推荐”的初选意见。

随着中国科学院的变革和中国工程院的创建，1994 年 6 月顾诵芬当选为中国工程院院士（中工函 002 号），成为航空工业唯一的两院院士。

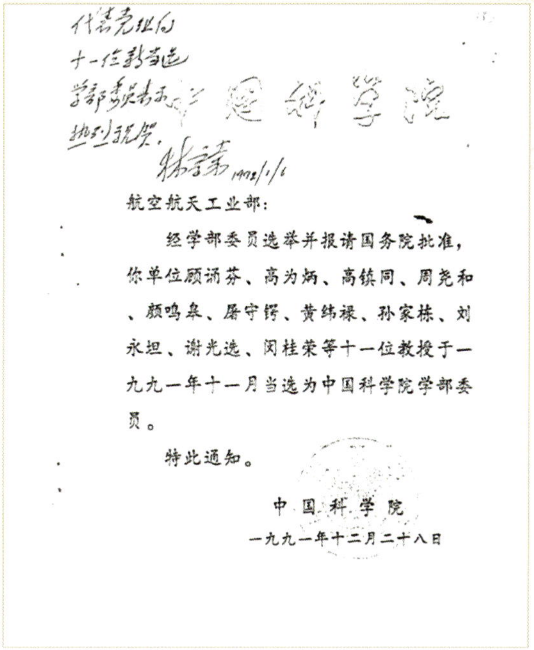
代表党组向
十一位新当选
学部委员表示
热烈祝贺。

航空航天工业部：

经学部委员选举并报请国务院批准，你单位顾诵芬、高为炳、高镇同、周尧和、颜鸣皋、屠守锷、黄纬禄、孙家栋、刘永坦、谢光选、闵桂荣等十一位教授于一九九一年十一月当选为中国科学院学部委员。

特此通知。

中国科学院
一九九一年十二月二十八日

顧誦芬
一九九一年 当选为
中国科学院院士（学部委员）
院长 周光召

顾诵芬当选中国科学院院士证书

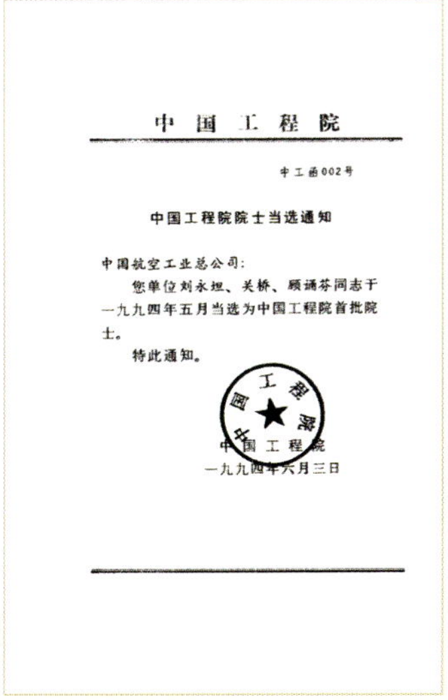
中国工程院

中工函002号

中国工程院院士当选通知

中国航空工业总公司：

您单位刘永坦、关桥、顾诵芬同志于一九九四年五月当选为中国工程院首批院士。

特此通知。

中国工程院
一九九四年六月三日

院士证书

中国工程院院士是国家设立的工程技术方面的最高学术称号，为终身荣誉。

The Member of the Chinese Academy of Engineering is the nation's highest academic title for life honour in the field of engineering and technological sciences

No. 0012

顾诵芬

一九九四年当选为中国工程院院士

Gu Songfen was duly elected a member of the CAE in 1994

中国工程院
Chinese Academy of Engineering

顾诵芬当选中国工程院院士文件及证书

1992 年 5 月 15 日，航空航天部向人事部专业司推荐顾诵芬等 4 位专家为建国以来最著名的科学家（航人【1992】1016 号）。

1993 年，顾诵芬连任全国人大代表并当选全国人大常务委员，任中国工程院筹备领导小组成员。

1994 年 6 月，顾诵芬被批准担任中国科学院、中国工程院院士和中国工程院“机械与运载工程学部”常委。

1995 年 10 月 19 日，第二届《何梁何利基金评选委员会通告》发布，表彰了 4 位科学家获“何梁何利基金科学与技术成就奖”，40 位科学家获“何梁何利基金科学与技术进步奖”，顾诵芬获“科学与技术进步奖”。

1998 年，顾诵芬连任全国人大代表、人大常委。

2001 年 1 月，顾诵芬获“国家科学技术进步奖”一等奖（项目名称《歼 8 Ⅱ型飞机（歼 8B 型）》）。

2003 年 8 月，经人事部、科技部、教育部、财政部、国家发展和改革委员会、国家自然科学基金委员会、中国科学技术协会研究，顾诵芬担任 2003 年度“新世纪百千万人才工程”国家人选评审委员。

2003 年 10 月，顾诵芬获军队科技进步二等奖。

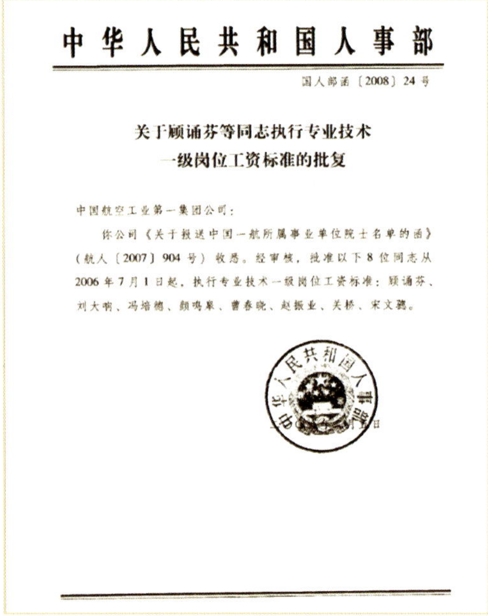

中华人民共和国人事部

国人部函〔2008〕24 号

关于顾诵芬等同志执行专业技术一级岗位工资标准的批复

中国航空工业第一集团公司：

你公司《关于报送中国一航所属事业单位院士名单的函》（航人〔2007〕904 号）收悉。经审核，批准以下 8 位同志从 2006 年 7 月 1 日起，执行专业技术一级岗位工资标准：顾诵芬、刘大响、冯培德、颜鸣皋、曹春晓、赵振业、关桥、宋文骢。

中华人民共和国人事部

顾诵芬执行专业技术一级岗位工资标准批复文件

何梁何利基金评选委员会通告

（一九九五年十月十九日）原载《人民日报》1995.11.7.第11版

在社会各界的关心和大力支持下，何梁何利基金1995年度评奖工作历时半年已经圆满结束。经过千余名专家提名推荐、初审评议、终审投票表决的严格程序和认真评选，四位科学家获“何梁何利基金科学与技术成就奖”，各颁发奖励证书和奖金100万港元；四十位科学家获“何梁何利基金科学与技术进步奖”，各颁发奖励证书和奖金10万港元。颁奖大会即日在北京举行。现将获奖人员名单予以公告：

一、科学与技术成就奖（4位）

2005 年 11 月，顾诵芬获“国家科学技术进步奖”二等奖（项目名称《现代武器装备知识丛书》）。

2006 年 5 月，顾诵芬受聘担任歼 15 飞机专家组成员，聘期二年；同年 8 月，受聘担任中国航空工业第一集团公司民机产业首席专家。

2007 年 11 月，顾诵芬受聘为中国航空学会浮空器分会名誉主任。

2008 年 4 月 25 日，顾诵芬任中国航空研究院名誉院长。同年 6 月，顾诵芬受聘担任科技部《中国高速列车自主创新联合行动计划》咨询委员会委员。同年 8 月，他受聘担任《上海交通大学大型民机创新工程》顾问委员会主任。

2008 年 12 月 31 日，任中国航空工业集团公司科学技术委员会副主任。

2010 年 6 月，顾诵芬获国资委颁发“中央企业优秀共产党员”称号。

2011 年 1 月，顾诵芬受聘为中国力学学会第九届理事会特邀理事。

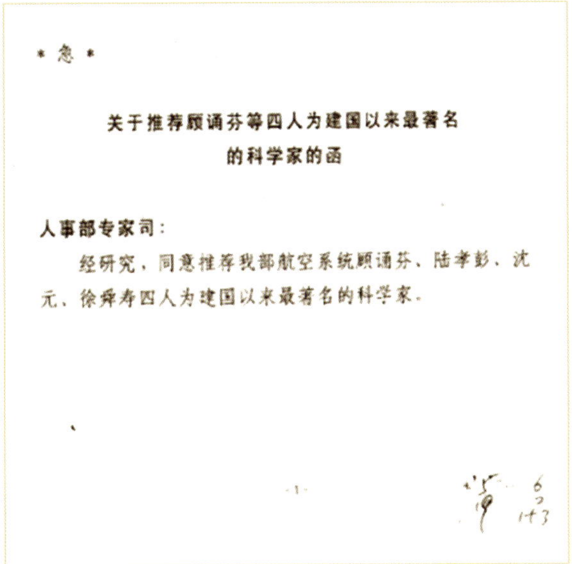
急

关于推荐顾诵芬等四人为建国以来最著名的科学家的函

人事部专家司：

经研究，同意推荐我部航空系统顾诵芬、陆孝彭、沈元、徐舜寿四人为建国以来最著名的科学家。

-1-

《关于推荐顾诵芬等四人为建国以来最著名的科学家的函》

国家科学技术进步奖

证　书

为表彰国家科学技术进步奖获得者，特颁发此证书。

项目名称：现代武器装备知识丛书

奖励等级：二等

获 奖 者：顾诵芬(中国航空一集团科技委)

证书号：2005-J-204-2-02-R07

顾诵芬荣获国家科学技术进步奖二等奖证书

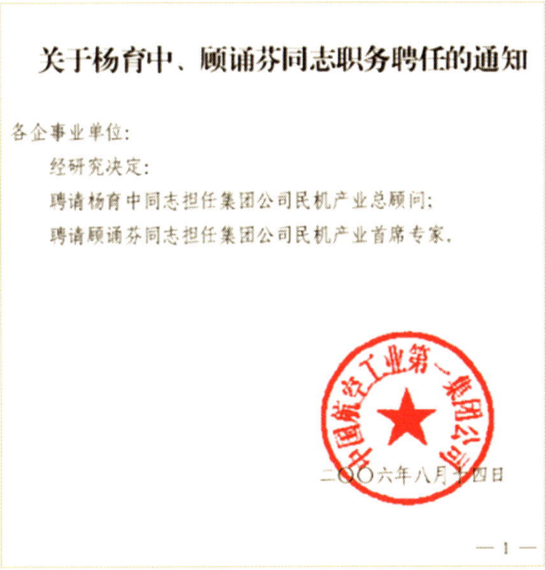
关于杨育中、顾诵芬同志职务聘任的通知

各企事业单位：

经研究决定：

聘请杨育中同志担任集团公司民机产业总顾问；

聘请顾诵芬同志担任集团公司民机产业首席专家。

二〇〇六年八月十四日

—1—

顾诵芬任中国航空工业第一集团公司民机产业首席专家文件

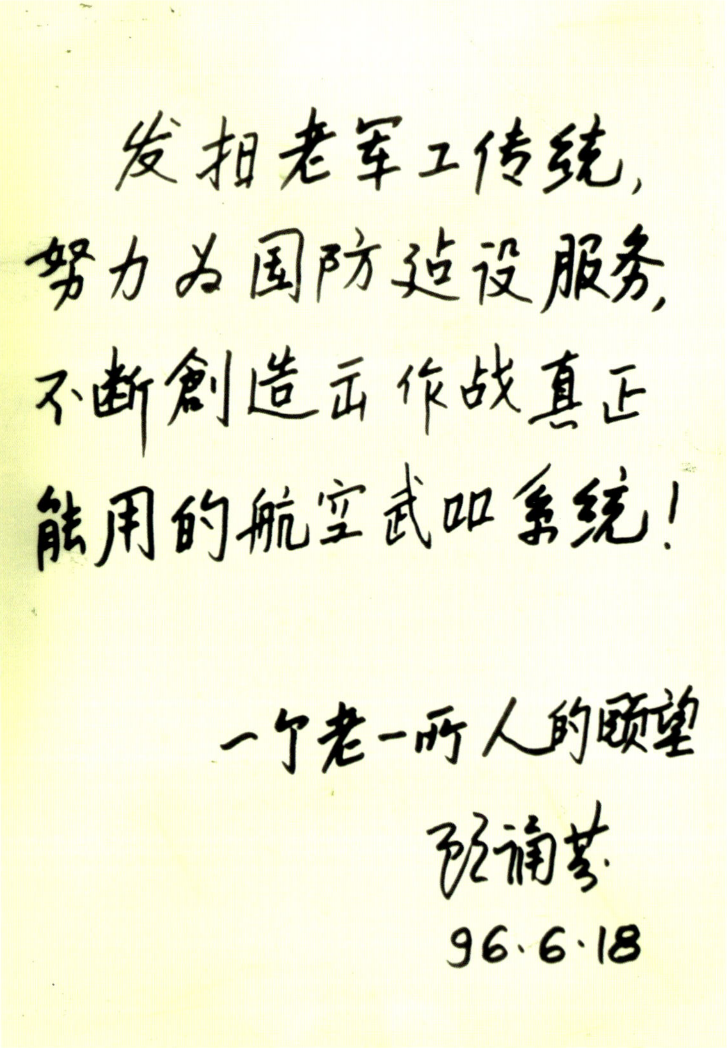

发扬老军工传统，
努力为国防建设服务，
不断創造出作战真正
能用的航空武器系统！

一个老一所人的愿望
顾诵芬
96.6.18

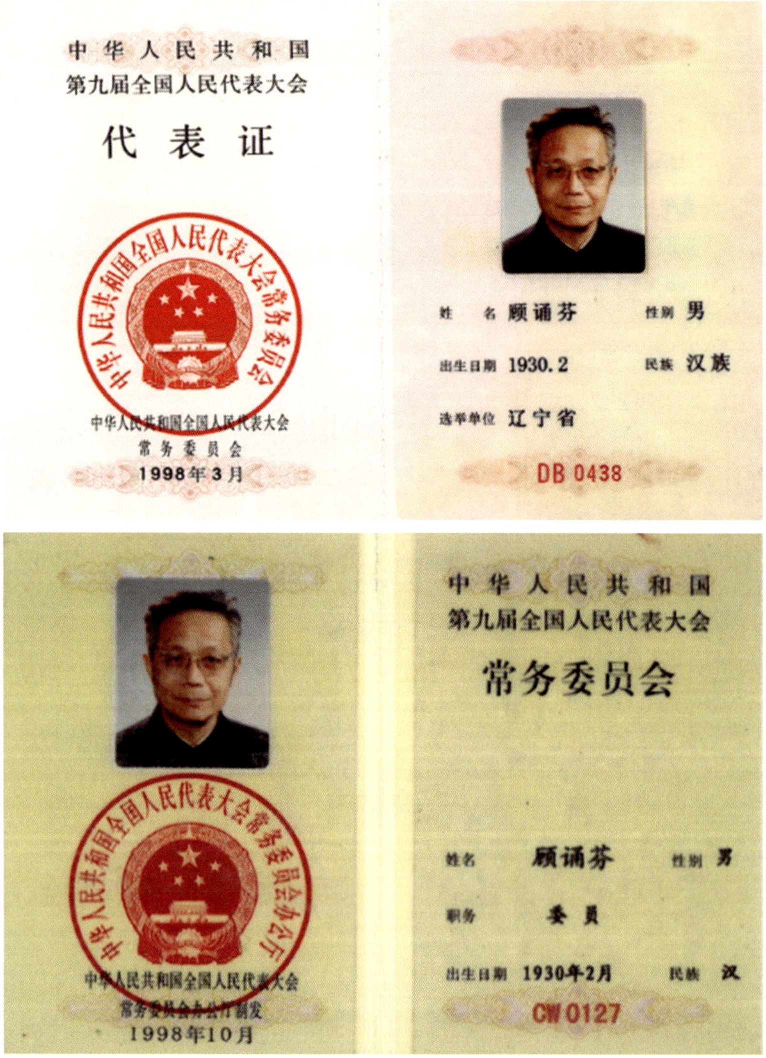

顾诵芬第九届全国人民代表大会代表证及常务委员会委员证

2012 年 1 月 16 日，顾诵芬因在“航空技术远景发展”专题研究中做出突出贡献，荣获集团公司“总经理特别奖”（航空政【2012】65 号）；1 月，因在“任总装备部科技委顾问期间为国防科技和武器装备发展做出的突出贡献”，获总装备部荣誉证书。

2013 年 10 月，顾诵芬获颁中国航空学会荣誉证书，被授予“中国航空学会成立 50 周年——学会工作三十年纪念奖”，获中国航空学会“杰出贡献奖”。

2015 年 1 月，顾诵芬受聘为中国力学学会第十届理事会特邀理事。任期 5 年。

2021 年 11 月 3 日，国家科学技术奖励大会在北京隆重召开，顾诵芬院士获最高科学技术奖，习近平主席亲自颁奖。这是航空工业历史上首次获得国家最高科学技术奖，代表了党和国家对我国航空事业发展的最高认可和褒奖。

2022 年，顾诵芬荣获 2021 年度“感动中国”人物。

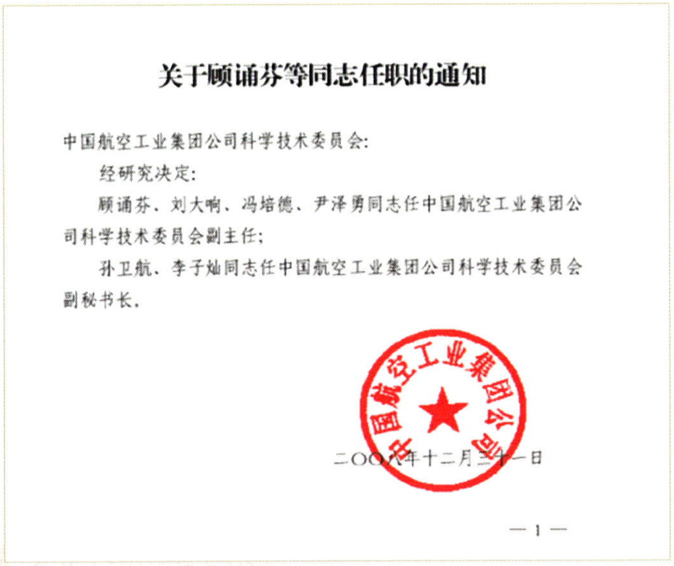

关于顾诵芬等同志任职的通知

中国航空工业集团公司科学技术委员会:

经研究决定:

顾诵芬、刘大响、冯培德、尹泽勇同志任中国航空工业集团公司科学技术委员会副主任;

孙卫航、李子灿同志任中国航空工业集团公司科学技术委员会副秘书长。

中国航空工业集团公司

二〇〇八年十二月三十一日

— 1 —

顾诵芬任中国航空工业集团公司科学技术委员会副主任文件

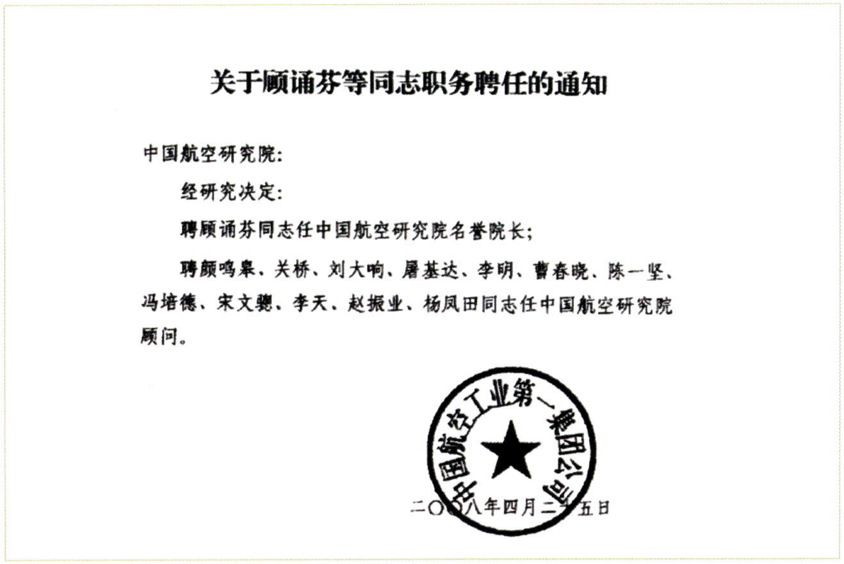

关于顾诵芬等同志职务聘任的通知

中国航空研究院:

经研究决定:

聘顾诵芬同志任中国航空研究院名誉院长;

聘颜鸣皋、关桥、刘大响、屠基达、李明、曹春晓、陈一坚、冯培德、宋文骢、李天、赵振业、杨凤田同志任中国航空研究院顾问。

中国航空工业第一集团公司

二〇〇八年四月二十五日

顾诵芬任中国航空研究院名誉院长文件

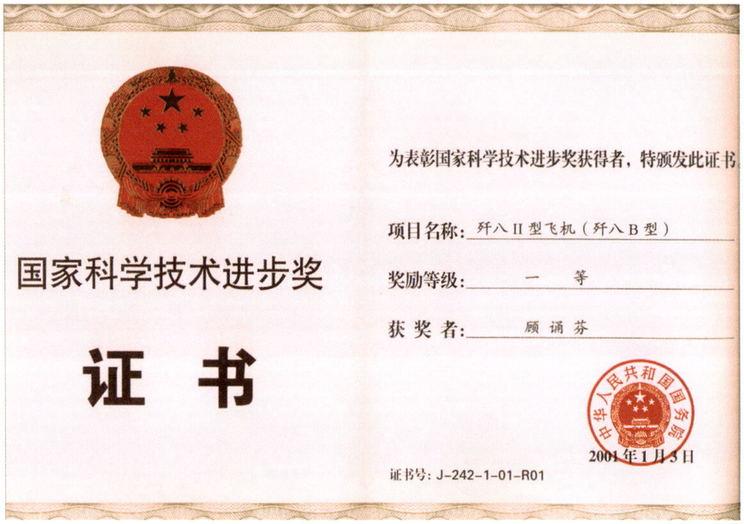

顾诵芬荣获国家科学技术进步奖一等奖证书

顾诵芬荣获感动沈阳 60 年劳动功勋奖章劳动功勋证书

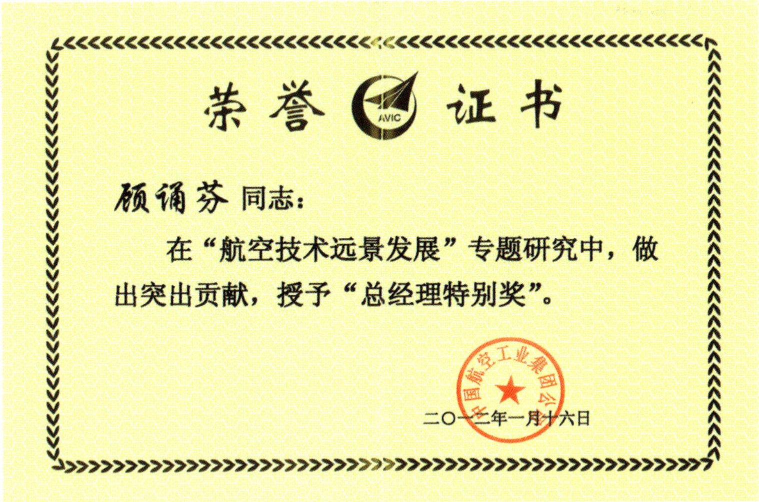

荣誉证书

顾诵芬同志：

在“航空技术远景发展”专题研究中，做出突出贡献，授予“总经理特别奖”。

中国航空工业集团公司

二〇一二年一月十六日

顾诵芬荣获集团公司“总经理特别奖”荣誉证书

荣誉证书

授予：

顾诵芬同志中国航空学会“杰出贡献奖”，特发此证，以资鼓励。

中国航空学会

二〇一四年十月

顾诵芬荣获中国航空学会“杰出贡献奖”荣誉证书

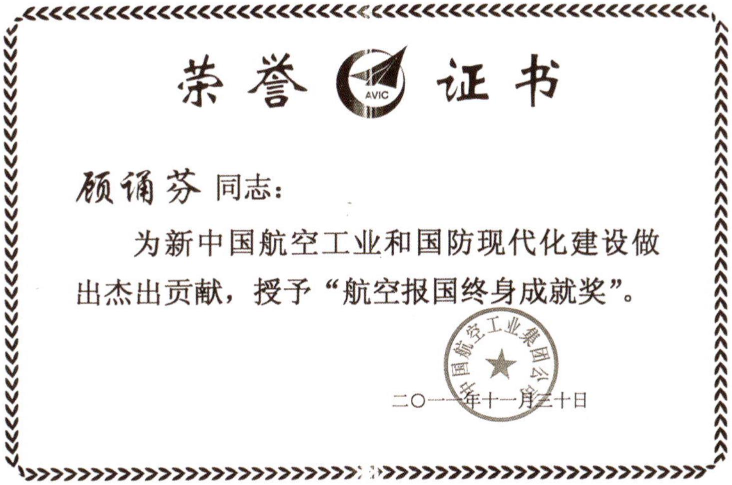

荣誉证书

顾诵芬同志：

为新中国航空工业和国防现代化建设做出杰出贡献，授予“航空报国终身成就奖”。

中国航空工业集团公司

二〇一一年十一月三十日

顾诵芬荣获“航空报国终身成就奖”荣誉证书

中共中国航空工业集团公司党组文件

航空党组〔2010〕37号

中共中航工业党组关于授予顾诵芬等六名同志“优秀共产党员”称号的决定

中航工业成立以来，集团公司各级党组织认真贯彻落实党的十七大和十七届四中全会精神，深入学习实践科学发展观，认真开展创先争优活动，在推进集团公司“两融、三新、五化、万亿”发展战略中做出了突出贡献，涌现出了一批优秀共产党员。

为表彰先进，树立典型，使集团公司广大共产党员在创先争优活动中学有榜样，进一步激励和引导广大共产党员积极践行“航空报国，强军富民”的集团宗旨和“敬业诚信，创新超越”的集团理念，集团公司党组研究决定，授予中航工业科技委副主任顾诵芬，中航光电董事长、总经理、党委书记李聚文，中航工业一飞院总设计师唐长红，中航工业西飞“薛莹班”班长薛莹，中航工业制造所金属成形技术研究室主任曾元松，中航工业东安

—1—

中国航空工业集团公司文件

航空政〔2012〕65号

关于授予顾诵芬等同志“总经理特别奖”的决定

2010年至2011年，中航工业科技委根据集团公司提出的“科技委要对集团公司带有全局性、战略性、综合性的重大问题进行研究”的要求，开展了“航空技术远景发展”专题研究，并形成研究报告呈报国家有关领导和部门，得到了上级领导机关的重视和支持。

中航工业科技委开展的该项专题研究及其所提建议，不仅对国防航空装备技术的发展有未雨绸缪的深远意义，同时也对中航工业的长远发展具有重大意义。为表彰在“航空技术远景发展”专题研究中作出突出贡献的有关人员，集团公司决定：授予中航

急件

中国航空工业集团公司文件

航空政〔2011〕1820号

关于授予顾诵芬同志“航空报国终身成就奖”的决定

顾诵芬同志是新中国航空工业创建之初最早参加到航空工业建设中的、新中国培养的、在国内外有着极高声望的航空科学技术方面的科学家，国家顶尖的航空工程技术专家，是中国科学院和工程院两院院士。

顾诵芬同志从事航空工业60年，为我国设计出多种型号的飞机，曾先后担任歼-8飞机副总设计师、歼-8Ⅱ飞机总设计师等，长期奋斗在设计、试制一线，多次攻克技术难关、取得重大技术突破，为新中国航空工业的崛起、发展作出了杰出贡献；作为我国飞机空气动力学的主要开拓者之一，他完成的歼教—1和初教—6飞机的气动布局设计和计算方法，领导的主动控制技术研究，在国内首次实现不安定飞机的飞行等，在飞机设计的基础

老骥伏枥　晚霞耀天　摘星辰而琼八方

国务院关于 2020 年度
国家科学技术奖励的决定

各省、自治区、直辖市人民政府，国务院各部委、各直属机构：

为深入贯彻落实习近平新时代中国特色社会主义思想，全面贯彻党的十九大和十九届二中、三中、四中、五中全会精神，坚定实施科教兴国战略、人才强国战略和创新驱动发展战略，国务院决定，对为我国科学技术进步、经济社会发展、国防现代化建设作出突出贡献的科学技术人员和组织给予奖励。

根据《国家科学技术奖励条例》的规定，经国家科学技术奖

核，国务院批准并报请国家主席习近平签署，授予顾诵芬院士、王大中院士国家最高科学技术奖；国务院批准，授予“纳米限域催化”等 2 项成果国家自然科学奖一等奖，授予“面心立方材料弹塑性力学行为及原子层次机理研究”等 44 项成果国家自然科学奖二等奖，授予“超高清视频多态基元编解码关键技术”等 3 项成果国家技术发明奖一等奖，授予“良种牛羊卵子高效利用快繁关键技术”等 58 项成果国家技术发明奖二等奖，授予“嫦娥四号工程”等 2 项成果国家科学技术进步奖特等奖，授予“400 万吨/年煤间接液化成套技术创新开发及产业化”等 18 项成果国家科学技术进步奖一等奖，授予“厘米级型谱化移动测量装备关键技术及规模化工程应用”等 137 项成果国家科学技术进步奖二等奖，授予苏·欧瑞莉教授等 8 名外国专家和国际热带农业中心中华人民共和国国际科学技术合作奖。

全国科学技术工作者要向顾诵芬院士、王大中院士及全体获奖者学习，不忘初心、牢记使命，秉持国家利益和人民利益至上，继承和发扬老一辈科学家胸怀祖国、服务人民的优秀品质，主动肩负起历史重任，坚持创新在我国现代化建设全局中的核心地位，把科技自立自强作为国家发展的战略支撑，以与时俱进的

顾诵芬荣获 2020 年度国家科学技术奖奖励决定

国家最高科学技术奖 历届获奖人员名单

2000 年度 吴文俊　袁隆平	2001 年度 黄　昆　王　选
2002 年度 金怡濂	2003 年度 刘东生　王永志
2004 年度 （空缺）	2005 年度 叶笃正　吴孟超
2006 年度 李振声	2007 年度 闵恩泽　吴征镒
2008 年度 王忠诚　徐光宪	2009 年度 谷超豪　孙家栋
2010 年度 师昌绪　王振义	2011 年度 谢家麟　吴良镛
2012 年度 郑哲敏　王小谟	2013 年度 张存浩　程开甲
2014 年度 于敏	2015 年度 （空缺）
2016 年度 赵忠贤　屠呦呦	2017 年度 王泽山　侯云德
2018 年度 刘永坦　钱七虎	2019 年度 黄旭华　曾庆存
2020 年度 **顾诵芬　王大中**	

国家最高科学技术奖历届获奖人员名单

顾诵芬荣获国家最高科学技术奖奖章

顾诵芬荣获国家最高科学技术奖证书

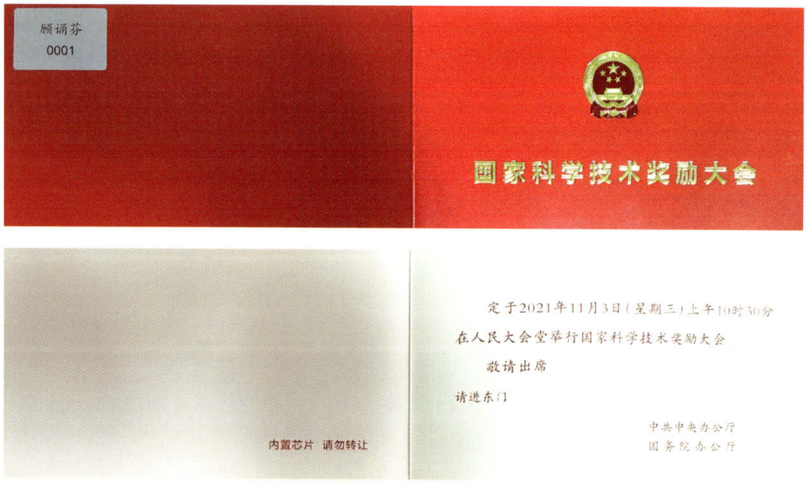

顾诵芬参加国家科学技术奖励大会邀请函

顾诵芬参加国家科学技术奖励大会代表证

国家科学技术奖励大会

中国航空報 号外

CHINA AVIATION NEWS

顾诵芬 荣获国家最高科学技术奖

北京

11月3日，2020年度国家科学技术奖励大会在京隆重召开。新中国飞机设计大师、飞机空气动力设计奠基人、中国航空界唯一两院院士顾诵芬获国家最高科学技术奖。

91岁高龄的顾诵芬，始终致力于推动中国航空科技事业的发展。他创新设计多型飞机气动布局，建立新中国飞机空气动力学设计体系；主持研制的歼8、歼8Ⅱ超声速歼击机，成为20世纪我军核心主战装备，开创了我国自主研制歼击机的先河；他建立了我国歼击机研制体系，为航空武器装备跨代升级发展做出巨大贡献；他高度关注国家战略安全，为大飞机飞上蓝天提供决策支持；他对党忠诚，甘于奉献，为国家培养了一大批飞机设计领军人才，为新中国航空事业70年发展做出了卓越贡献。

2020
国家最高科学技术奖
顾诵芬
热烈祝贺顾诵芬院士
荣获国家最高科学技术奖
航空融媒

央视
新闻
扫码下载全新
央视新闻客户端
顾诵芬
国家最高科学技术奖
顾诵芬是我国著名飞机设计大师、飞机空气动力设计奠基人、航空战略科学家。他建立了新中国飞机空气动力学设计体系，开创了我国自主研制歼击机的先河，持续开展航空战略研究，为我国航空科技事业作出了重大贡献。

二、德高望重 俯首甘为人梯

顾诵芬一贯注意航空科研人才的培养，对于致力于航空事业发展的航空人来说，他是一位德高望重的师长。他带领的团队中走出了管德（中国工程院院士）、李明（中国工程院院士）、李天（中国科学院院士）、杨凤田（中国工程院院士）、孙聪（中国工程院院士）等多位院士，及耿汝光、李玉海、罗阳等一批航空工业高层管理人才。从顾诵芬写给李天院士、沈阳飞机设计研究所从事技术情报工作的于业波和工程技术人员李志的信，可以看出他提携后辈的良苦用心与甘于奉献。2018年2月13日，中共中央政治局常委、中央书记处书记王沪宁代表习近平总书记和党中央看望顾诵芬等文化届知名人士和科技专家，他还利用此次座谈机会紧紧围绕培养航空工业技术骨干人才问题提出建议。

除了繁重的科研、咨询等工作，顾诵芬还担任北京航空航天大学、南京航空航天大学兼职教授，作为北京航空航天大学的博士生导师，为航空工业培养了多名硕士、博士。

顾诵芬与李天院士

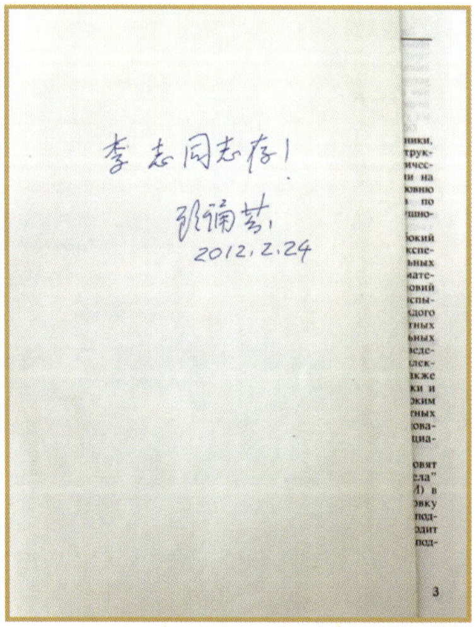

顾诵芬送给沈阳飞机设计研究所技术人员李志的俄文书籍

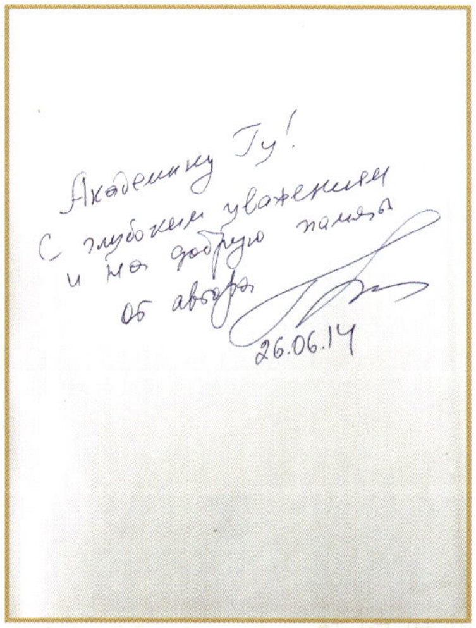

俄罗斯专家送给顾诵芬的书籍，顾诵芬将其转赠给李志

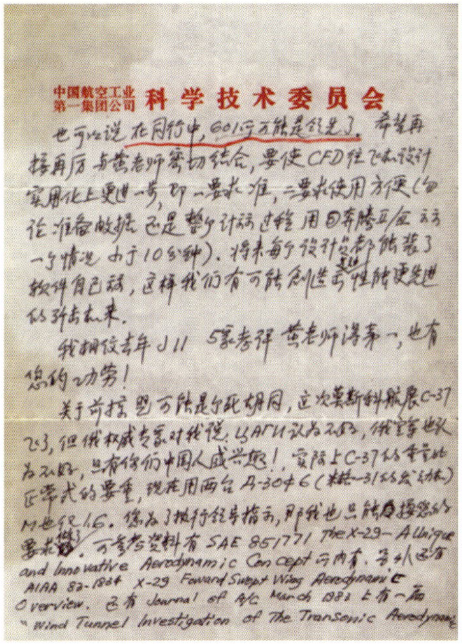

中国航空工业第一集团公司 科学技术委员会

也可以说在同行中，601所可能是领先了。希望再接再厉与黄老师密切结合，要使CFD在飞机设计实用化上更进一步，即一要求准，二要求使用方便（今后准备做据已是整个计算过程用日本腾Ⅱ/全 [illegible] 一个情况小于10分钟）。将来每个设计员都能装了软件自己算，这样我们有可能创造出性能更先进的歼击机来。

我相信去年J11 5家专评黄老师得第一，也有您的功劳！

关于前掠翼可能是个既好用，这次莫斯科航展C-37飞了，但俄权威专家对我说：ЦАГИ认为不好，俄空军也认为不好，只有你们中国人感兴趣！实际上C-37的重量比正常式的要重，现在用两台A-30Ф6（推力~3155公斤 [illegible]）M也仅1.6。您为了执行领导指示，那我也只能 [illegible] 要求。可参考资料有SAE 851771 The X-29—A Unique and Innovative Aerodynamic Concept 与内有 [illegible] AIAA 82-1824 X-29 Forward Swept Wing Aerodynamic Overview。还有Journal of A/C March 1982上有一篇"Wind Tunnel Investigation of The Transonic Aerodynamic

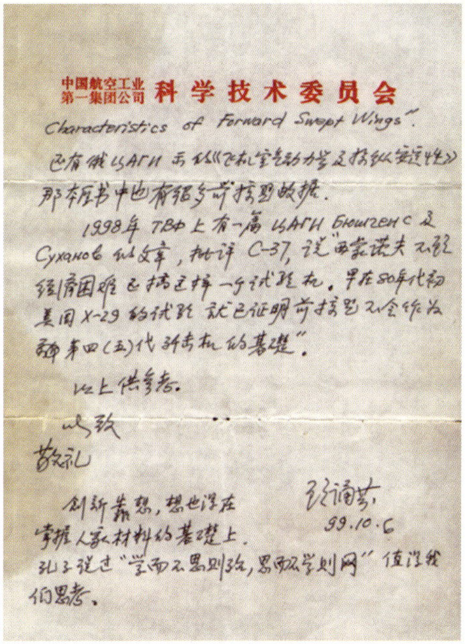

中国航空工业第一集团公司 科学技术委员会

Characteristics of Forward Swept Wings"。

已有俄ЦАГИ出的《飞机空气动力学及操纵稳定性》那本厚书中也有很多前掠翼数据。

1998年TВФ上有一篇ЦАГИ Бюшгенс 及 Суханов 的文章，批评C-37，说"西霍洛夫不顾经济困难还搞这样一个试验机，早在80年代初美国X-29的试验就已证明前掠翼不会作为第四（五）代歼击机的基础"。

以上供参考。

此致

敬礼

顾诵芬
99.10.6

创新靠想，想也得在掌握人家材料的基础上。孔子说过"学而不思则殆，思而不学则罔"值得我们思考。

顾诵芬写给高执权的信

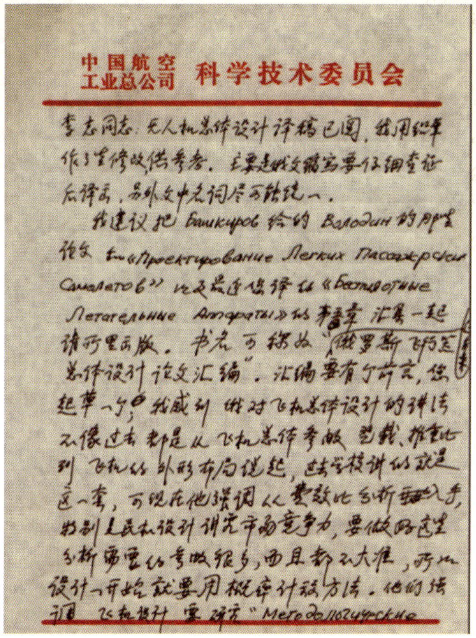

中国航空工业总公司 科学技术委员会

李志同志：无人机总体设计译稿已阅，我用红笔作了些修改供参考。主要是俄文稿写要仔细查证后译出，另外文中名词尽可能统一。

我建议把Баикиров给的Володин的那些论文与《Проектирование Легких Пассажирских Самолетов》以及最近出版的《Беспилотные Летательные Аппараты》的精华章节汇集一起请所里出版。书名可称为"俄罗斯飞行器总体设计论文汇编"。汇编要有个前言，您起草一个。我感到俄对飞机总体设计的评传不像过去都是从飞机总体参数选择、推重比到飞机的外形布局说起，过去学校讲的就是这一套，可现在他强调从参数比分析入手，特别是民机设计讲究市场竞争力，要做好这些分析需要的参数很多，而且都不大准，所以设计一开始就要用概率计算方法。他的书强调飞机设计要讲究"Методологические

顾诵芬写给李志的信

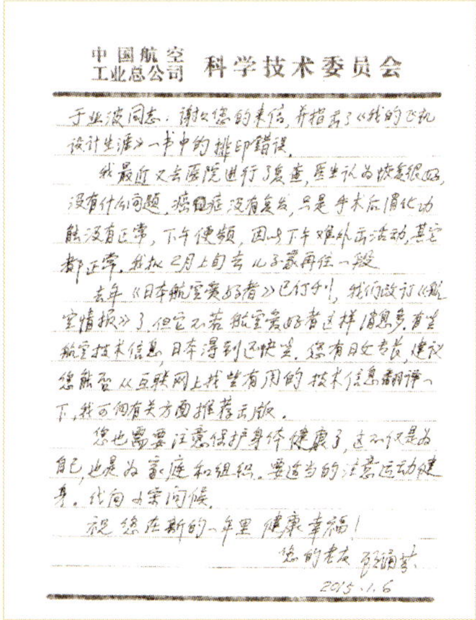

中国航空工业总公司 科学技术委员会

于业波同志：谢谢您的来信，并指出了《我的飞机设计生涯》一书中的排印错误。

我最近又去医院进行了复查，医生认为恢复很好，没有什么问题，癌症没有复发，只是手术后消化功能没有正常，下午便频，因此下午难外出活动，其它都正常。我拟2月上旬去儿子家再住一段。

去年《日本航空爱好者》已停刊，我们改订《航空情报》了，但它不若航空爱好者这样信息多。有些航空技术信息，日本得到还快些。您有日文专长，建议您能否从互联网上找些有用的技术信息翻译一下，我可向有关方面推荐出版。

您也需要注意保护身体健康了，这不仅是为自己，也是为家庭和组织。要适当的注意运动健身。代向小宗问候。

祝您在新的一年里健康幸福！

您的老友 顾诵芬
2015.1.6

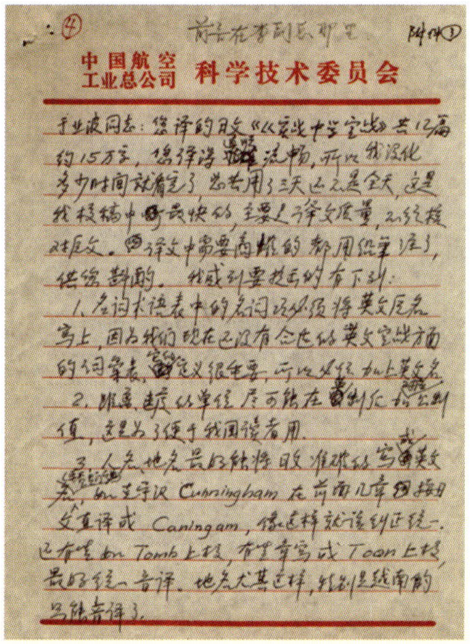

④　前言在本刊后打字　附件①

中国航空工业总公司 科学技术委员会

于业波同志：您译的日文《从实践中学空战》共12篇约15万字，您译得通顺流畅，所以我没化多少时间就看完了。总共用了三天还不是全天，这是我校稿中最快的，主要是译文质量，不然校对原文。译文中需要商榷的都用铅笔注了，供您斟酌。我感到要提出的有下列：

1、名词术语表中的名词必须将英文原名写上，因为我们现在已没有合适的英文空战方面的词汇表，定义很重要，所以必须加上英文名。

2、雷达、导弹的半径尽可能在括号后加上公制值，这是为了便于我国读者用。

3、人名地名最好能将日文准确地写出英文原名，如：主导人Cunningham在前面几章日文直译成Caningam，像这样就该统一。还有写成Tomb上校，有些章写成Toon上校，最好统一音译。地名尤其这样，特别是越南的写法音译了。

顾诵芬写给于业波的信

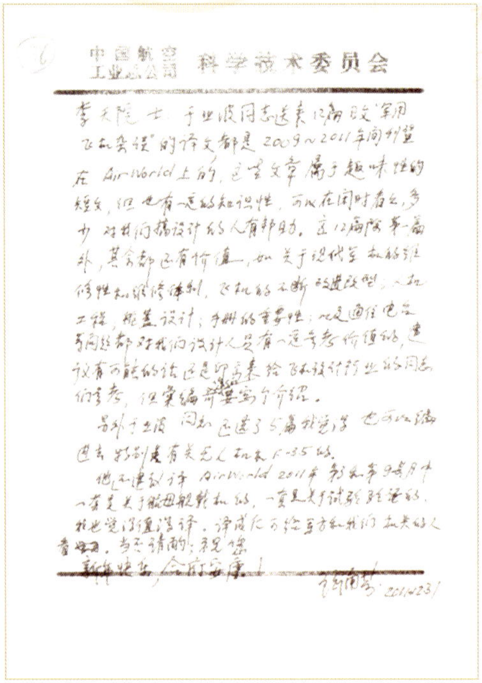

中国航空工业总公司 科学技术委员会

李天院士：于业成同志送来12篇"军用飞机杂谈"的译文都是2009~2011年间刊登在Air World上的，这些文章属于趣味性的短文，但也有一定的知识性，可以在闲时看看，多少对我们搞设计的人有帮助。这12篇除第一篇外，其余都还有价值，如关于现代军机的维修性和维修体制，飞机的不断改进改型，人机工程，舱盖设计；手册的重要性；以及通信电子等问题都对我们的设计人员有一定参考价值的，建议有可能的话还是可以拿来给飞机设计行业的同志们参考，但要编者写个介绍。

另外于业成同志还送了5篇……也可以编进去，特别是有关无人机和F-35的。

他还建议译Air World 2011年……一篇是关于舰载机的，一篇是关于试飞驾驶的，我也觉得值得译……

当否请酌，祝您新年快乐，合府安康！

顾诵芬 2011.12.31

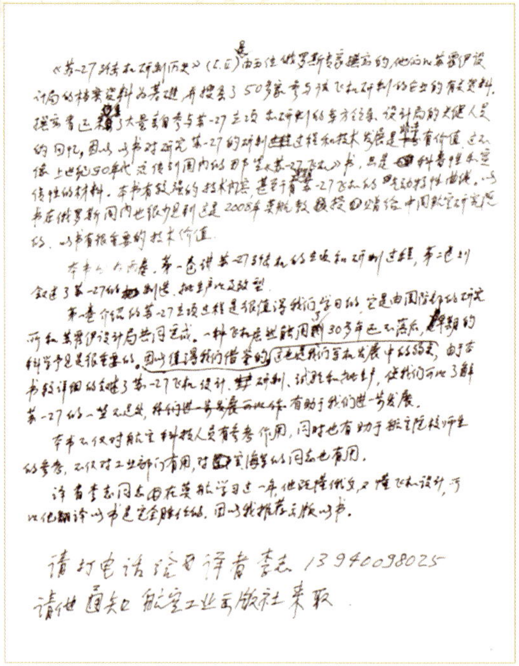

《苏-27歼击机研制历史》(C.E)是由原任俄罗斯专家撰写的……

本书分六个方面，第一章讲苏-27歼击机的立项和研制过程……

……

请打电话给译者李志 13940098025

请他通知航空工业出版社来取

顾诵芬推荐出版《苏 27 歼击机研制历史》的信件

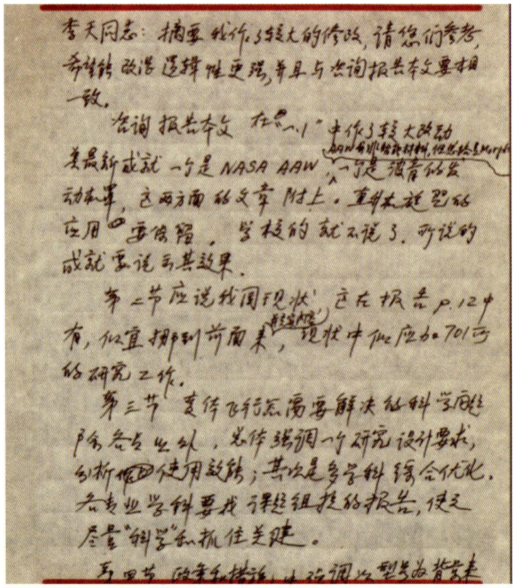

李天同志：摘要我作了较大的修改，请您们参考，希望能改得逻辑性更强，并且与咨询报告本文要相一致。

咨询报告本文在第一节中作了较大改动……一个是NASA AAW……动机翼，这两方面的文章附上……的应用也要介绍，学校的就不提了。所说的成就要说出其效果。

第二节应说我国现状，这在报告p.12中有，似宜挪到前面来，现状中似应加701所的研究工作。

第三节 未来飞行器需要解决的科学问题除各专业外，必须强调一个研究设计要求，分析……使用效能；其次是多学科综合优化。各专业学科要找课题组提的报告，使之尽量"科学"和抓住关键。

第四节……

顾诵芬写给李天的信

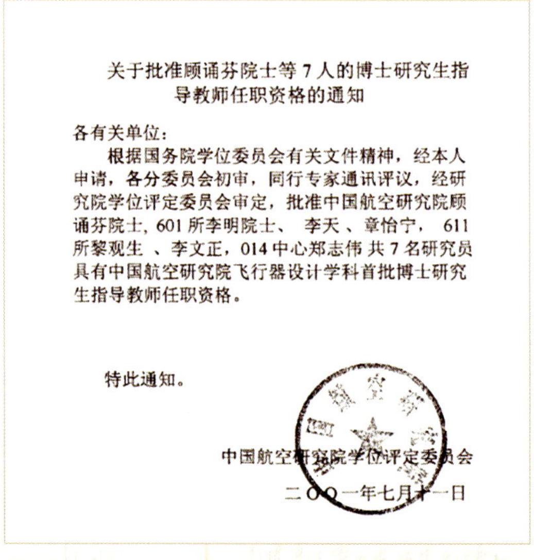

关于批准顾诵芬院士等 7 人的博士研究生指导教师任职资格的通知

各有关单位：

根据国务院学位委员会有关文件精神，经本人申请，各分委员会初审，同行专家通讯评议，经研究院学位评定委员会审定，批准中国航空研究院顾诵芬院士，601 所李明院士、李天、章怡宁，611 所黎观生、李文正，014 中心郑志伟共 7 名研究员具有中国航空研究院飞行器设计学科首批博士研究生指导教师任职资格。

特此通知。

中国航空研究院学位评定委员会

二〇〇一年七月十一日

批准顾诵芬等 7 人的博士研究生指导教师任职资格的通知

三、虚怀若谷 甘于拼搏奉献

顾诵芬的成就与贡献得到了国家、社会和航空科技领域的充分肯定。顾诵芬说:“党和人民给了我很多、很高的荣誉。这些荣誉应归功于那些振兴中国航空工业的领导和默默无闻、顽强奋斗的工人、技术人员。”这些荣誉既是历史的功勋簿，更是照亮未来的灯塔！我们深信，祖国终将选择那些忠诚于祖国的人，祖国终将记住那些奉献于祖国的人。

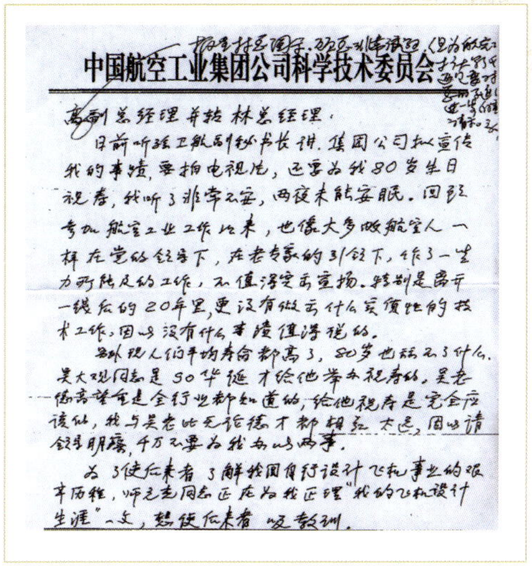

中国航空工业集团公司科学技术委员会

高副总经理并转林总经理：

日前听张卫航副秘书长讲，集团公司拟宣传我的事迹，要拍电视片，还要为我80岁生日祝寿，我听了非常不安，两夜未能安眠。回顾参加航空工业工作以来，也像大多数航空人一样在党的领导下，在老专家的引领下，作了一些力所能及的工作，不值得突出宣扬。特别是离开一线后的20年里，更没有做出什么实质性的技术工作，因此没有什么事迹值得说的。

虽然现人们平均寿命都高了，80岁也算不了什么。吴大观同志是90华诞才给他举办祝寿的。吴老德高望重是全行业都知道的，给他祝寿是完全应该的，我与吴老比无论德才都相差太远，因此请领导明察，千万不要为我办此两事。

为了使后来者了解我国自行设计飞机事业的艰辛历程，师元光同志正在为我整理“我的飞机设计生涯”一文，想使后来者吸取教训。

顾诵芬写给林左鸣和高建设的信件

“真正的科学家能有所成就的，必然很少考虑得失，居里夫人废寝忘食，清贫如洗，对名誉地位处之坦然。”

“回想我这一生，谈不上什么丰功伟绩，只能说没有虚度光阴，为国家做了些事情”。

“我没有做很多事。现在的年纪更大了，也做不了什么事。希望年轻一代真正为航空工业做出重大贡献。我也希望年轻的同志，按照习主席的要求，奋发图强，为我们的国防建设和航空工业的建设做出更大的贡献。”

“我只想对年轻人说，心中要有国家，永远把国家放在第一位。”

这些是他经常向技术人员讲的，他自己也是这么做的。在这种思想的指导下，他和他带领的科研团队攻克了一道又一道险阻，闯过了一项又一项难关。

2009 年 9 月，当顾诵芬得知集团公司要为他举办 80 华诞祝寿活动后“两夜未能安眠”，他表示，回顾自己参加航空工业工作以来，也像大多数航空人一样在党的领导下，在老专家的引领下，做了一些力所能及的工作，不值得突出宣扬。因此，他专门给集团公司领导写信，表示不要为他办此项活动。

92 岁高龄的顾诵芬由于身体原因，未能亲临“感动中国 2021 年度人物颁奖盛典”，他以视频方式表达了自己的感谢：

“这份沉甸甸的荣誉授予我，自己感到很惭愧。我没有做出什么，党和国家给了我太多了。感谢组委会，感谢全国人民，还要特别感谢一代代为祖国航空事业接续奋斗的全体航空人。”

顾诵芬使用的眼镜

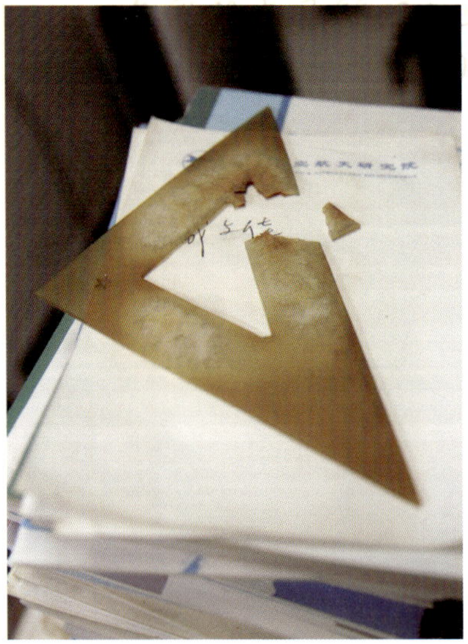
顾诵芬北苑办公室办公用具

顾诵芬北苑办公室的座椅

顾诵芬北苑办公室书籍

顾诵芬北苑办公室场景

四、伉俪情深 惟愿时光清浅

“同舟共济岁月长，相依相伴路漫漫”。在国家科学技术奖励大会现场，中央广播电视总台记者的镜头记录下了这令人感动的一幕：顾诵芬登台领奖时，他的妻子、85 岁的江泽菲在台下面带微笑注视着他，大会结束后，当江泽菲穿越人群来到丈夫身边时，两位老人的手紧紧相握。“白发同舟渡，相扶步履轻”。这一瞬间，诉说着两位老人相依相伴、相敬如宾的真挚之情，令人泪目和钦佩。

江泽菲，1936 年 1 月出生于北京的一个名门望族。1952 年，年仅 16 岁的江泽菲以优异成绩考入北京医学院，1957 年毕业后被分配至沈阳医学院（今中国医科大学）附属医院，成为一名儿科大夫。1961 年，经黄志千介绍，顾诵芬与黄志千妻妹江泽菲认识。1962 年 8 月，顾诵芬与江泽菲结婚。从此，他们始终相互扶持、相互信任。江泽菲全身心地支持和照料着顾诵芬。顾诵芬曾多次感慨地说：“我后半生还能干点事就是靠她。”

1962 年，顾诵芬结婚时全家照

江泽菲大学毕业照

江泽菲在北海公园照片

江泽菲与顾衡（左）

顾诵芬全家在沈阳飞机设计研究所宿舍楼前合影
（前排左顾廷龙、右江泽菲，后排左顾诵芬、右顾衡）

顾诵芬在沈阳飞机设计研究所工作期间所住过的房子

顾诵芬与夫人带孙女游北海时的合影

顾诵芬与沈阳飞机设计研究所三位院士及夫人在旅顺口合影（右起：于晓兰、李明、顾诵芬、江泽菲、李天、王景翰、杨凤田）

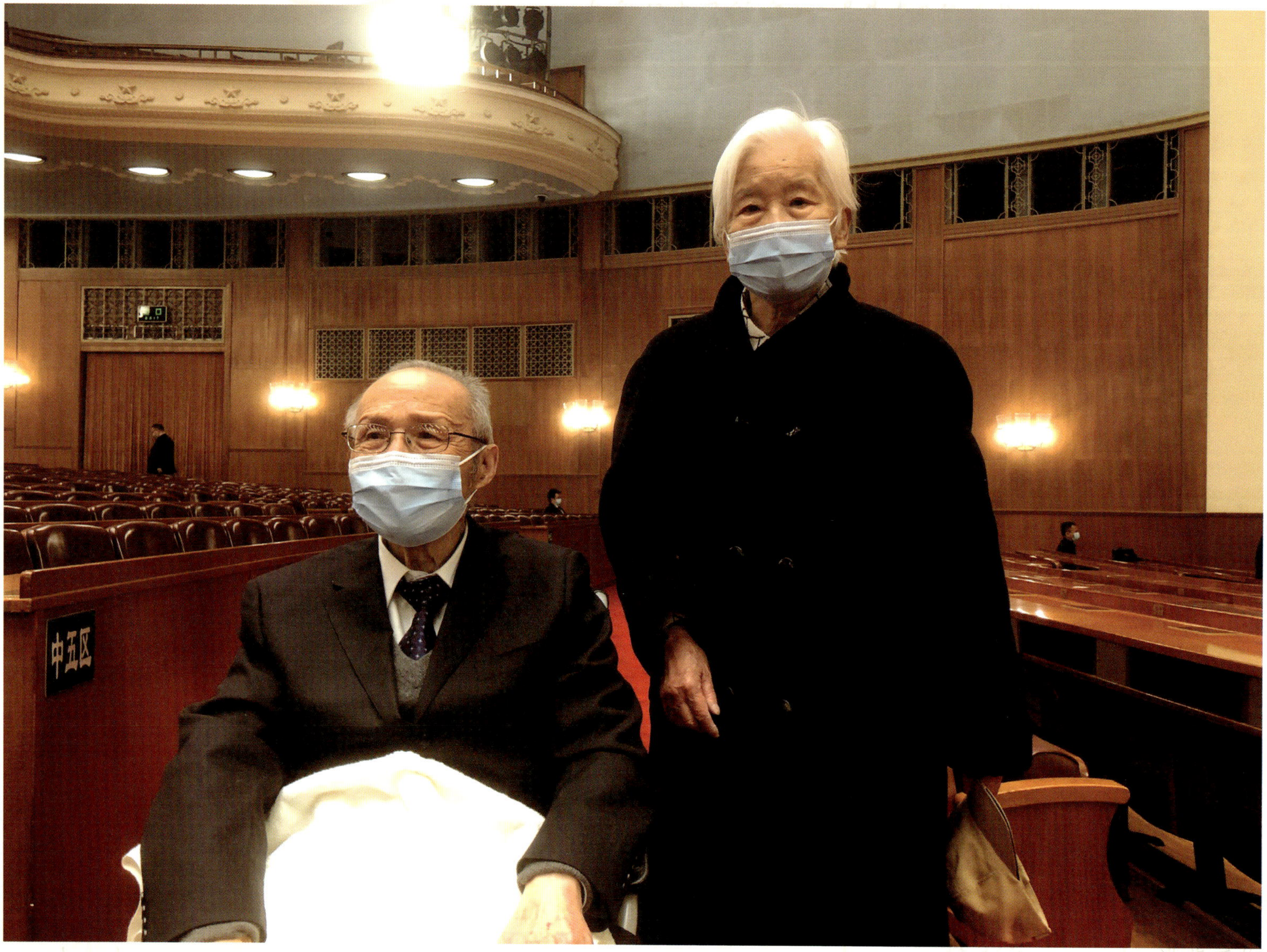

顾诵芬与江泽菲在人民大会堂

2021 年 11 月 3 日，江泽菲在人民大会堂外留影

国家最高科学技术奖颁奖活动结束后顾诵芬院士和夫人江泽菲合影（上）

江泽菲参加国家科学技术奖励大会的邀请函（左）

五、爱心倾注 传承科学精神

对于青年一代，顾诵芬寄托着深切的期望。与青年人在一起，他既是良师又是益友，不仅从学识上给予他们帮助和指导，更在道德情操上为他们树立榜样。2018 年 9 月，为了能够帮助年轻人尽快找到事业的方向，他专门给集团公司团委写了一封信，指导青年人的学习。他寄予青年人殷切期望，指导青年如何成才、如何学习和创新，令人深受启迪和感动。

“公司的年轻人将成为建成航空强国的主要力量，因此需要他们学习我国航空工业前辈徐舜寿、管德等同志的刻苦钻研技术，不停地学习先进技术的精神。”

荣获国家最高科学技术奖后，顾诵芬收到了全国各地的来信，这些来信表达了对他的敬佩之情。

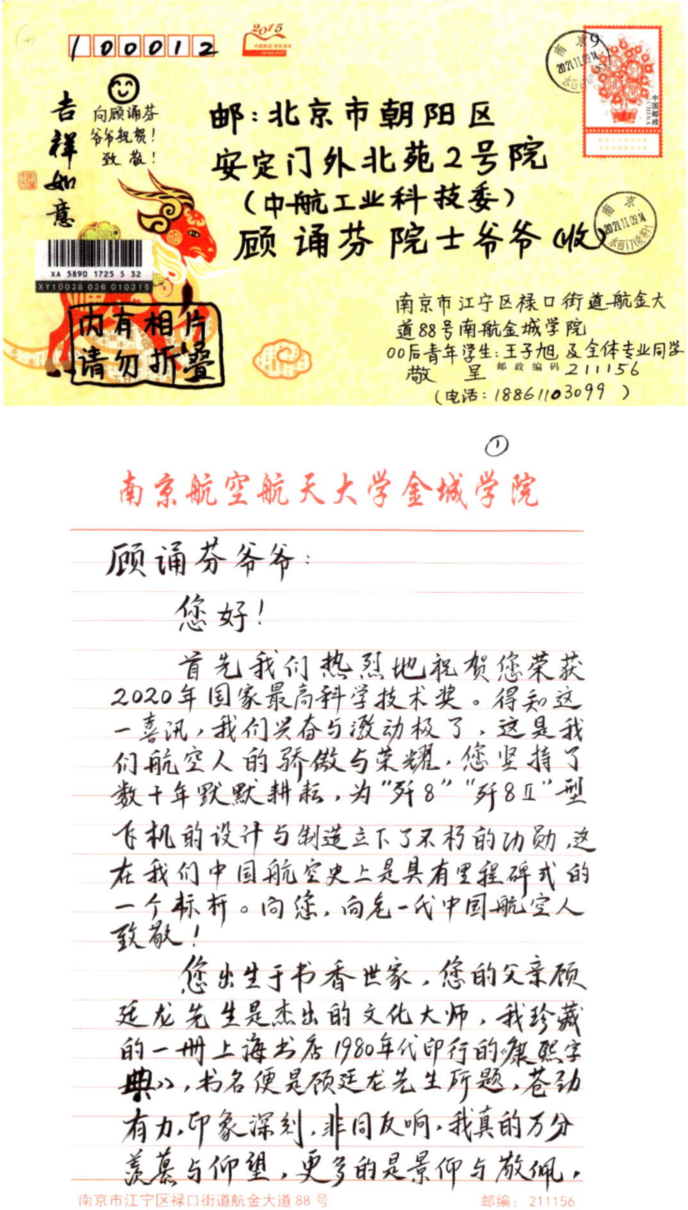
100012
吉祥如意
向顾诵芬爷爷祝贺！致敬！
邮：北京市朝阳区
安定门外北苑2号院
（中航工业科技委）
顾诵芬院士爷爷（收）
内有相片 请勿折叠
南京市江宁区禄口街道航金大道88号南航金城学院
00后青年学生：王子旭及全体专业同学
敬呈 邮政编码 211156
（电话：18861103099）

①
南京航空航天大学金城学院

顾诵芬爷爷：

您好！

首先我们热烈地祝贺您荣获2020年国家最高科学技术奖。得知这一喜讯，我们兴奋与激动极了，这是我们航空人的骄傲与荣耀。您坚持了数十年默默耕耘，为"歼8""歼8Ⅱ"型飞机的设计与制造立下了不朽的功勋，这在我们中国航空史上是具有里程碑式的一个标杆。向您，向老一代中国航空人致敬！

您出生于书香世家，您的父亲顾廷龙先生是杰出的文化大师，我珍藏的一册上海书店1980年代印行的《康熙字典》，书名便是顾廷龙先生所题，苍劲有力，印象深刻，非同反响，我真的万分羡慕与仰望，更多的是景仰与敬佩，

南京市江宁区禄口街道航金大道88号 邮编：211156

南航金城学院00后青年王子旭及同专业学生写给顾诵芬的信

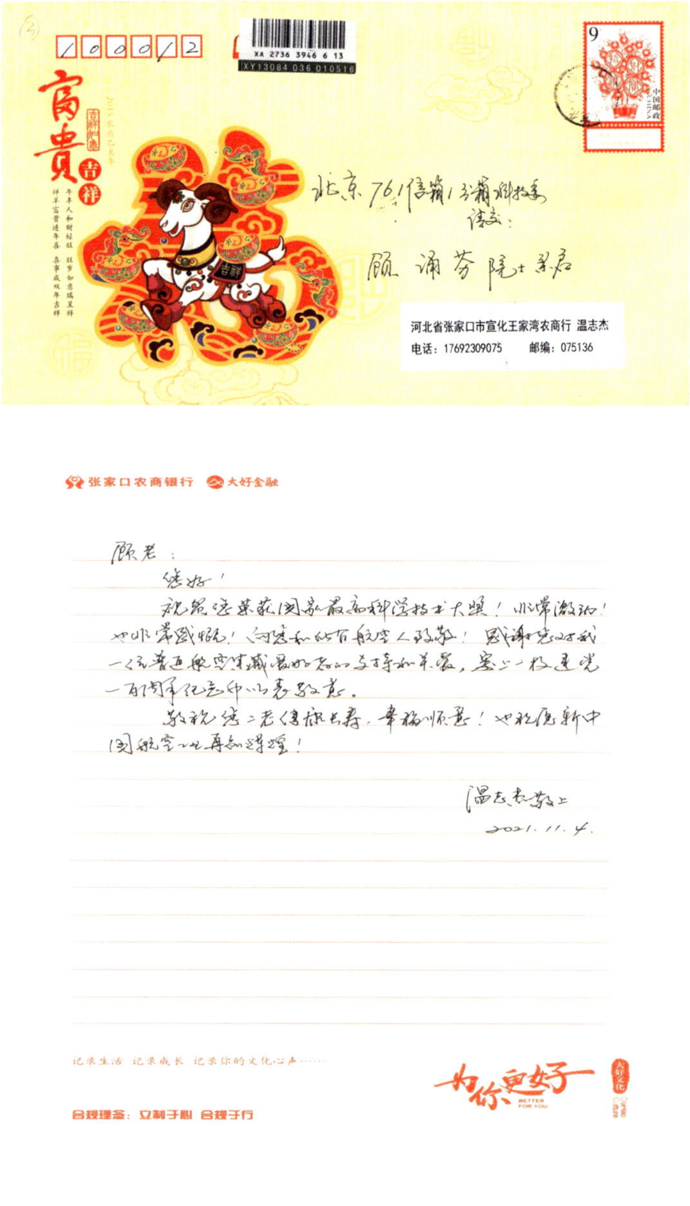
100012
富贵吉祥
北京761信箱1号楼科技委
请交：
顾诵芬院士亲启
河北省张家口市宣化王家湾农商行 温志杰
电话：17692309075 邮编：075136

张家口农商银行 大好金融

顾老：

您好！

祝贺您荣获国家最高科学技术大奖！非常激动！也非常感慨！向您和所有航空人致敬！感谢您送给我一位普通航空收藏爱好者的亲笔签名书籍，寄上一枚建党一百周年纪念币以表敬意。

敬祝您二老健康长寿、幸福顺意！也祝愿新中国航空事业再创辉煌！

温志杰敬上

2021.11.4.

为你更好

张家口市宣化王家湾农商行温志杰写给顾诵芬的信

尊敬的顾诵芬院士，

您好！

恭悉您荣获国家最高科学技术奖，谨向您致以崇高敬意和诚挚祝贺！

我叫陈伟忠，是广东省一名革命老区少工委志愿辅导员，喜爱集藏有英雄楷模亲笔题签的珍贵藏品，我通过真诚求索，剪贴资料，展示讲解，寓教于乐，把传统文化融贯于青少年爱国爱科学等教育活动中，以前辈名贤的高尚品德和丰功伟绩教导广大老区青少年弘扬航空报国精神，增强国防观念，奋发图强，无私奉献，

1

广东革命老区少工委志愿者辅导员陈伟忠写给顾诵芬的信

贺信

尊敬的顾诵芬院士：

在这个举国同庆、举世瞩目的时刻，中国航空研究院全体员工向您荣获国家最高科学技术奖致以最热烈的祝贺！

“咏世德之骏烈，诵先人之清芬”。您以满腔的报国热忱投身新中国航空事业，以严谨的科学精神和舍我其谁的担当，攻克重重难关，以毕生心血书写了对党和国家的无限忠诚。您是吾辈终身学习的楷模。

您作为我国航空领域唯一一位中科院和工程院“双院士”，奠定了我国亚音速飞机和超音速飞机气动力设计的基石，推动了我国气动力研究、设计基础手段建设发展，成为新中国杰出的飞机设计大师、飞机气动力设计第一人。您是吾辈终身仰望的高峰。

您作为新中国航空工业的泰斗、中国航空研究院名誉院长，始终关心着中国航空研究院的发展。研究院创建60周年之际，您亲自发来贺信，对研究院的未来发展寄予了殷切的期望。您的关心和帮助令吾辈深受鼓舞、倍感振奋！

当前，中国航空研究院全体员工深入贯彻落实党的十九届五中全会和中央人才工作会议精神，紧紧围绕航空工业集团党组战略部署，聚焦“战略性、整体性、前瞻性、基础性、共用性”技术研究，努力成为集团公司自主创新的大本营、航空尖端科技发展的引领者。面向“两个一百年”奋斗目标，勇担航空科技创新的“领头雁”，加快建设航空工业战略科技力量。在您的殷切关怀下，研究院全体科研工作者赓续红色基因，认真钻研技术，开拓进取、顽强拼搏，为建设新时代航空强国而努力奋斗！

中国航空研究院全体干部员工

2021年11月3日

中国航空研究院写给顾诵芬的贺信

(2)

贴邮票处

转呈：
顾院士

中国航空学会
北京市761信箱　2分箱
邮政编码：100012

南昌航空大學

贺　信

尊敬的诵芬院士：

喜闻您荣获2020年国家最高科学技术奖，我们谨代表南昌航空大学全体师生向您表示最热烈的祝贺！对您践行报国壮志，数十载为祖国的航空事业孜孜耕耘，谱写着新时代科学家精神致以最崇高的敬意！对您先后多次在南昌航空大学申报博士学位授予权单位中给予的深厚关爱和大力支持表示最衷心的感谢！

作为新中国飞机设计事业的奠基人和我国飞机空气动力学研究的开拓者，您曾在几乎是一张白纸的基础上，圆满完成了歼教1、初教6等多种飞机气动布局的设计工作并创建了属于中国人的气动力设计方法。您作为我国高空高速歼击机的主要技术负责人和总设计师，主持设计研发的歼8和歼8II等机型，服役近半个世纪。您作为航空界唯一的两院院士，以航空科技战略科学家的眼光，为重大项目决策、实施建言献策，为解决C919、运20等多个型号设计与研制中的关键技术难题作出了重要贡献。

在中国航空工业的历史中，在新中国航空事业的长河里，您深沉诚挚的赤子情怀、敢为人先的奋斗精神、

地址：江西省南昌市丰和南大道696号　　邮编：330063

南昌航空大学写给顾诵芬的贺信

Dear Prof. GU Songfen,

I was told by a friend of CAE that you won the highest national science and technology Award 2020. I wish to congratulate you for the national recognition of your many contributions in innovative aviation research and its achievements in subsonic and supersonic Aircraft Design architectures.

During my career at Dassault Aviation (1970-2004) I was always happy to meeting you at the occasion of several Airshows in France (Le Bourget) and China (Zhuhai) and discussing with you CFD methods for drag reduction applied to 3-D aircraft design; in the line of research I was honored to organize with you, Zhuang, Fenggan and Chun-Huan Lee, in Beijing, China, in 2005 the successful International Conference on *"East-West High Speed Field"* (attached the announcement flyer). A continuous cooperation in CFD topics with Dr. Chun-Huan Lee in 3-D hypersonic flow simulations at the CFD-Lab of BUAA gave us several opportunity to meet and exchange in these fields; in 1998 I was honored of your presence when presiding the jury in the CFD-Lab for the Doctor Honoris Causa nomination of Professor Jacques Louis Lions, French Académie des Sciences and Jacques Periaux, Dassault Aviation at BUAA (Beihang University).

In 2005 and later, our encounters during my visits in China (NUAA and CAE institutes in particular) became irregular but a continuous and successful cooperation of CIMNE with CAE in the EU-China context(cf. the CAE 's 60th anniversary book in 2020 reporting the EU-China cooperation in Aeronautics) provided new opportunities of short discussions in the field aerodynamic design when visiting Prof. SUN Xia Sheng and Prof. HUA Jun and their collaborators on the CAE campus.

I send you my compliments for your deserved Award and wish you all the best for a long and healthy life with numerous talented scientific impacts in Aeronautical Technologies.

With my respectful regards,

CIMNE, Barcelona, Novembre 30, 2021

Prof. Jacques Periaux
UNESCO Chair Professor in Numerical Methods in Engineering
CIMNE/UPC
Mobile: +34 648 868 560
E-mail: jperiaux@gmail.com
Gran Capita s/n, Campus Nord UPC, Ed. C1
08034 Barcelona, Spain

中国政府友谊奖得主雅克教授致中国最高科技奖得主顾诵芬院士贺信

（参考译文）

尊敬的顾诵芬院士：

CAE的朋友告诉我，您获得了2020年中国国家最高科技奖。这个奖项是国家对您在创新航空科研领域的贡献以及在亚音速和超音速方面成就的认可，我深表祝贺！

我在达索航空公司（1970-2004）工作期间，很高兴在法国巴黎航展和中国珠海航展举办的多次活动上，与您共同讨论应用于三维飞机减阻设计的CFD方法。同时，很荣幸能与您、庄逢甘和李春植一起，于2005年在中国北京成功举办了“东西方高速流场”国际研讨会。我们与北航李春植教授在北航CFD实验室开展三维高超音速流动模拟合作期间，与您在相关领域开展了交流。1998年，很荣幸您能在BUAA（北航大学）主持法国科学学院雅克·路易斯·利昂教授和达索学院雅克·佩里奥教授提名的Honoris Causa博士CFD实验室的评审。

2005年后，在我访问中国期间，我们在南航和研究院有过几次会面。依托中欧科技交流合作平台，CIMNE与CAE开展了交流合作，使得在我拜访孙侠生博士和华俊教授，以及CAE大院儿里的合作者期间，可以有机会探讨空气动力学相关领域发展。

我为您应得的奖项向您致意，并祝您在未来的岁月里一切顺利、身体健康，继续推动航空科技进步。

致以崇高的敬意！

雅克·佩里奥
CIMNE/UPC，巴塞罗那
2021年11月30日

中国政府友谊奖得主雅克教授致顾诵芬院士贺信

中　国　科　学　院

贺　信

尊敬的顾诵芬院士：

欣闻您荣获2020年度国家最高科学技术奖，我代表中国科学院和中国科学院学部主席团，并以我个人的名义，向您表示热烈祝贺，并致以崇高的敬意！

您长期以来致力于推动中国航空科技事业的发展，创新设计了多型飞机气动布局，建立了新中国飞机空气动力学设计体系，开创了我国自主研制歼击机的先河，建立了我国歼击机研制体系，培养了一大批飞机设计领域的领军人才，为我国航空武器装备跨代升级和航空工业发展作出了卓越贡献！

我们将号召广大科技工作者以您为榜样，在习近平新时代中国特色社会主义思想指引下，不忘初心，牢记使命，勇担重担，加快产出重大原创成果，加快突破关键核心技术，努力推进高水平科技自立自强，为建设世界科技强国、实现中华民族伟大复兴，不断作出新的更大的贡献！

中国科学院　院长
中国科学院学部主席团执行主席　侯建国

二〇二一年十一月三日

中国科学院致顾诵芬院士贺信

老骥伏枥　晚霞耀天　摘星辰而琼八方

“繁华尽是心头血，洒向千峰秋叶丹”，一代代航空人把航空报国融入血液，开创并推进了祖国的航空事业，并为此拼搏奉献一生。他们的崇高精神跨越时空、历久弥新，无论过去、现在还是将来，都永远是我们心中的一座座永不磨灭的丰碑，永远是鼓舞我们的思想源泉，不断指引我们前行！

国务院决定
全国劳动模范称
您好！
第三机
三飞（1981
国务院国防工办：
进步工作中做出重大
特颁发此证书，以资

后 记

清代思想家、文学家龚自珍曰：“欲知大道，必先为史。”

就在本书紧锣密鼓地进行编撰的过程中，全国宣传思想文化工作会议在北京召开，习近平总书记在对宣传思想文化工作的重要批示中，提出了“七个着力”。会议还首次提出了习近平文化思想。

“档案见证新中国航空工业：航空人物系列丛书”的策划出版，是航空工业档案工作者深入贯彻习近平总书记对航空工业和档案工作的重要指示批示精神，秉承“为党管档 为国守史 为航空装备发展服务”的初心和使命，就如何开发好、利用好航空档案素材，挖掘出深藏其中的精神宝藏，服务好新时代航空强国建设所进行的有益探索，是航空档案工作者对习近平文化思想的生动践行。

这一切，都让《档案见证新中国航空工业：航空人物系列丛书》的开篇之作——《档案见证新中国航空工业：顾诵芬院士》一书的编辑出版有了更深远的意义。该书的出版，既是向顾诵芬院士致敬，也为琳琅满目的航空文库再添锦绣，更是向中国航空工业这份如正午烈阳一样的事业宣告：全体航空人将以更大的激情阔步迈进新时代航空强国建设新征程，在历史长卷上再谱华章。

本书的策划、编辑和出版，得益于中国航空工业集团有限公司党组副书记、总经理郝照平，党组副书记李清堂的高度重视，得益于保存完整丰富的行业档案资源，得益于中国航空工业集团有限公司综合管理部、人力资源部、科技与信息化部、党建文宣部、老干部部、科技委、航空工业档案馆、中国航空工业集团公司沈阳飞机设计研究所、沈阳飞机（工业）集团有限公司、航空工业档案馆陕南分馆、中国航空报社及中航出版传媒有限责任公司等单位有关领导的指导、关心和支持，得益于有关单位的通力协作，得益于张福君、吴基伟、孙伟、师元光、袁新立、刘宁、周善良、张东波、丁国勇、孙景利、赵颖等领导和专家的严格把关，得益于编创团队计红胜、齐元平、李佳佳的不懈努力。在此，向为本书编撰出版付出辛勤劳动的各位领导和同志们致谢！该书的出版，也大大鼓舞了编辑策划团队，我们将以更严谨认真和对历史负责的态度展开后续图书的策划出版工作。

由于时间紧、任务重，受年代久远和档案材料局限等影响，书中难免存在疏漏之处，恳请读者批评指正。

航空工业档案馆

2024 年 1 月

参考文献

［1］师元光．顾诵芬传［M］．北京：航空工业出版社，2021.

［2］罗元生．顾诵芬：把理想写在祖国的蓝天顾诵芬［M］．北京：华文出版社，2023.

［3］中国航空工业集团有限公司．顾诵芬：咏其骏烈 诵其清芬［M］．北京：航空工业出版社，2021.

［4］师元光．月桂人物·顾诵芬［M］．北京：航空工业出版社，2023.